Łowiectwo oczami artystów

Halina Nehring
Jerzy Kehl

Łowiectwo oczami artystów

KRAJOWA AGENCJA WYDAWNICZA
WARSZAWA 1989

Opracowanie graficzne serii
ANDRZEJ ARCIMOWICZ

Projekt okładki
ANDRZEJ ARCIMOWICZ

Redaktor
ANNA SUSICKA

Redaktor techniczny
TERESA KOWALICKA

Korekta
BOGUSŁAWA JĘDRASIK
JUSTYNA MAŃKOWSKA

Na okładce wykorzystano drzeworyt
z *Żywota człowieka poczciwego*
— Mikołaja Reja (1568).

Ilustracje na wkładce 1 - 17 — fot. Andrzej Wierzbieniec,
ilustracje 20 - 21 — fot. J. Sergo Kuruliszwili

Książka *Łowiectwo oczami artystów* nie rości sobie pretensji do pracy naukowej. Inspiracją do jej napisania było po prostu zafascynowanie łowiectwem.

Okres przedhistoryczny jest ledwie zaznaczony, pominięta całkowicie architektura. Nie piszemy nic o zamkach czy pałacach myśliwskich. Mało jest w niej o rzeźbie, sztuce sakralnej, w której święty Hubert jest postacią pierwszoplanową. Nie wspominamy o sztuce ludowej.

Czym jest więc nasza książka? Skromniutkim przyczynkiem, który, być może, pozwoli zrozumieć, zwłaszcza ludziom młodym, stawiającym pierwsze kroki łowieckie, jak głęboko sięga korzeniami kultura łowiecka. Jak wielu ludzi pióra i pędzla szukało w łowiectwie wytchnienia i twórczej inspiracji.

Mamy też nadzieję, że czytający ją zaduma się chociaż chwilę i mimo huczącego telewizora i ciągłego cywilizacyjnego pędu usłyszy granie ogarów „idących na oko”.

Autorzy

1. Od pradziejów do XIX wieku

Życie i zainteresowanie najstarszych ludzi, którzy w epoce lodowej pojawili się na ziemiach polskich, nierozerwalnie związane były ze zwierzętami. Ludzie byli wówczas koczownikami wędrującymi w poszukiwaniu zwierzyny, która dostarczała pożywienia i futer do ochrony przed chłodem. Z kości, rogów i ścięgien wyrabiano narzędzia, broń i ozdoby.

Obróbka kości i rogów osiągnęła wysoki poziom już około trzydziestu tysięcy lat temu.

Natomiast pierwsze ślady działalności artystycznej ludzi sprzed kilkudziesięciu tysięcy lat pochodzą z końca paleolitu i początków mezolitu. W jaskiniach łowców magdaleńskich w południowo-wschodniej Francji i wschodniej Hiszpanii odkryto przypadkowo w roku 1863 jedno- i wielobarwne malowidła naskalne. Tematem tych malowideł były zwierzęta, a także sceny z polowań. Siła i realność przedstawienia zwierzęcia miały zapewnić łowcom zwycięstwo nad nim, a to zwycięstwo oznaczało życie. Życie dla łowcy i jego współplemieńców. Na magiczny charakter tych malowideł wskazuje również i to, że znajdowały się często w jaskiniach nie zamieszkanych, gdzie odbywały się tylko tańce obrzędowe.

Przedstawione zwierzęta, które były przedmiotem łowów, to: mamuty, nosorożce włochate, jelenie, wilki, niedźwiedzie, tury i renifery. Niektóre zwierzęta były trafione strzałą, inne ginęły w pułapce. Malowidła odkryte w Cueva de los Caballos koło Albacete (Hiszpania), prezentują scenę polowania z naganką na stado jeleni. Kilku łań dosięgnęły strzały zwycięskich myśliwych. Podobną treść mają malowidła z Altamiry (Francja). Mamut schwytany w pułapkę nie ma szans wydostać się z niej. Sceny z polowań zachwycają dynamizmem i wiernym oddaniem sylwetek zwierząt, a także pozwalają poznać sposób ich łowienia.

Na ziemiach polskich nie spotkano do tej pory podobnie wspaniałych malowideł naskalnych. W ubiegłym stuleciu Gotfryd Ossowski odkrył w Jaskini Maszyckiej w dolinie Prądnika ślady obozowania gromad kultury magdaleńskiej. Wśród znalezisk odkryto tzw. berło z rogu renifera i fragmenty zdobionych żeber zwierzęcych.

Ze środkowej epoki kamiennej (mezolit) pochodzi grób w Janisławicach (woj. skierniewickie), w którym znaleziono wyroby kościane i rogowe: ostrza — sztylety z łopatek tura lub żubra, krzywe noże, zgrzebła z kłów dzika, paciorki naszyjnika wykonane z zębów jelenia, motyczkę z kła dzika i sztylet z kości jelenia. W grobie kobiecym w Łojewie koło Inowrocławia, pochodzącym z młodszej epoki kamienia (neolit), znaleziono naszyjnik z zębów jelenia. Te wytwory sztuki użytkowej i zdobniczej uzupełniają znalezione na Pomorzu, a pochodzące z tego samego okresu figurki zwierząt wykonane z bursztynu (dzik, tarpan, niedźwiedź).

Epoki późniejsze, a zwłaszcza okres kultury łużyckiej, przyniosły charakterystyczny sposób chowania zmarłych w popielnicach. Ryte na tych naczyniach sceny z polowań pozwalają poznać kunszt prasłowiańskiego artysty, a także zwyczaje i sposoby łowów.

Zwłaszcza pięknym przykładem kunsztu artysty prasłowiańskiego jest naczynie znalezione w Łazach koło Wołowa. Wyryto na nim scenę z polowania na jelenie, podobną sceną ozdobiona jest misa gliniana z Biskupina, gdzie część łowców jedzie na koniach, a część podąża pieszo. Popielnica kultury wschodnio-pomorskiej ze Stanicy pod Złotowem również ozdobiona jest rysunkiem jeźdźca rzucającego oszczepem w jelenia. Prasłowianie i Słowianie często polowali na jelenie, dlatego też jeleń jest motywem najczęściej spotykanym na ich naczyniach. Na fragmencie glinianego naczynia znalezionego w Babimoście zachował się rysunek myśliwego strzelającego z łuku do pasącego się jelenia. Obok pasie się zwierzę bez rogów. Motywem jelenia ozdobione są także pochodzące z III-IV wieku n.e. popielnice z Białej pod Łodzią i z Gołębia Wielkiego pod Gdańskiem.

Łowiectwo Polski Piastowskiej znane jest nam nie tylko ze znalezisk archeologicznych i zachowanych dzieł sztuki, ale także z zapisów kronikarskich. Kroniki Galla Anonima i Jana Długosza pozwalają poznać lepiej zwyczaje łowieckie, język łowiecki i sposoby polowania.

Najpełniejszy rozkwit łowiectwa przypada na czasy Bolesława Krzywoustego i Kazimierza Wielkiego. Nieograniczone prawo polowania miał tylko panujący i jego rodzina. Dlatego też łowiectwo związane było głównie z dworem książęcym i tymi warstwami możnych, na korzyść których władca zrzekł się niektórych praw łowieckich. W tym okresie nastąpiło ukształtowanie się władzy państwowej, które znalazło odbicie między innymi w ograniczeniu swobód ludności. Ograniczeniem łowieckim był monopol łowiecki panującego, tzw. regale łowieckie. Jak pisał Długosz: „Od czasu Chrobrego, w całym kraju myślistwo należało do panującego, innym nie godziło się nawet w dobrach własnych polować. Pozwolenia polowania na niektóre gatunki zwierzyny wydawane były jako łaski lub nagrody''. Monopolem objęta była gruba zwierzyna, do której zaliczano tury, żubry, niedźwiedzie, łosie, jelenie, dziki, rysie, dzikie konie, a także bobry. Ograniczenia te zmieniały się zależnie od stanu zwierzyny, np. w XIV w. do grubej zwierzyny zaliczono również sarny. Na drobną zwierzynę i ptactwo wolno było polować każdemu.

Istniały również różne zastrzeżenia dotyczące sposobu wykonywania polowania, np. na drobną zwierzynę wolno było polować z sidłami, a nie wolno z sieciami.

Monopol łowiecki panującego pociągał ze sobą konieczność organizacji wielu służb, których zadaniem było pilnowanie monopolu oraz wykonywania polowania. Służby te tak charakteryzuje Gall Anonim w Kronice Polskiej, którą pisał w latach 1112 - 1118, podczas panowania Bolesława Krzywoustego: „Miał (Chrobry) też ptaszników i łowców ze wszystkich niemal ludów, którzy na swój sposób chwytali wszelkie ptactwa i zwierzyny; z tych zaś czworonogów jak i ptactwa codziennie przynoszono do jego stołów potrawy każdego gatunku''.

W owym czasie polowano konno, używając koni węgierskich i dzikich koni stepowych z Rusi. Do ulubionych rodzajów polowania należało polowanie z sokołami. W tropieniu i osaczaniu zwierzyny korzystano z pomocy nieodstępnego towarzysza łowów — psa.

Ulubieniec Galla — Bolesław Krzywousty stykał się z łowami od młodości, co notuje kronikarz: „Pewnego razu Marsowe dziecię (tak autor nazywa Krzywoustego) siedząc w lesie przy śniadaniu, ujrzało ogromnego dzika, przechodzącego i chowającego się w gęstwinę leśną; natychmiast zerwał się od stołu, pochwycił oszczep i popędził za nim, atakując go zuchwale sam jeden, nawet bez psa. A gdy zbliżył się do bestii leśnej i już cios chciał wymierzyć w jej szyję, z przeciwka nadbiegł pewien jego rycerz, który powstrzymał jego ramię, wzniesione do ciosu i chciał mu odebrać oszczep. Wtedy to Bolesław, uniesiony gniewem oraz męstwem, sam zwycięsko stoczył w cudowny sposób podwójny pojedynek: z człowiekiem i ze zwierzęciem. Albowiem i owemu oszczep wyrwał i dzika zabił". W innym miejscu Gall dalej sławi myśliwskie czyny Bolesława: „Tenże chłopiec, wędrując z towarzyszami po lesie, zatrzymał się przypadkiem na nieco wzniesionym miejscu i spoglądając w dół tu i ówdzie, zobaczył jak olbrzymi niedźwiedź zabawiał się z niedźwiedzicą. Ujrzawszy to, natychmiast kazał się innym zatrzymać, a sam zjechał na równinę i bez trwogi zbliżył się na koniu do krwiożerczych bestii; kiedy zaś niedźwiedź zwrócił się przeciw niemu z podniesionymi łapami, przebił go oszczepem".

Z łowami Bolesława Krzywoustego, z okresu walk o Pomorze, związany jest dokument spisany w Prowansji w klasztorze św. Idziego wyliczający cuda tego świętego, którego kult był w tym czasie powszechny w Polsce. Dokument przedstawia tragiczny wypadek, jaki zdarzył się cześnikowi Sieciechowi: „Po pięciu dniach wspomniany książę (Bolesław Krzywousty), który jest zamiłowanym myśliwym, ciągnął do lasu na polowanie, a Sieciechowi jako swojemu dworzaninowi kazał podążyć za sobą. Ten nie śmiejąc nie spełnić rozkazu udał się za nim jak tylko mógł najspieszniej. Książę zaś tymczasem wraz z towarzyszami wypłoszył z legowiska olbrzymiego dzikiego żubra, jakich tam jest nadzwyczaj wiele, który obrzucony oszczepami i strzałami, rozjuszony ranami wpadł na nich i uderzył niespodziewanie na onego cześnika. A on bojąc się być poczytanym za tchórza zeskoczył z konia i z całych sił cisnął w nadbiegające zwierzę oszczepem, ale ten przeniósł nie raniąc go. (Sieciech) będąc jeszcze osłabionym upadł na ziemię, a żubr parokrotnie próbował go przybić do niej rogami, aż wreszcie podeptanego kopytami wyrzucił w powietrze wsunąwszy mu naroże między nogi i zgniecionego cisnął pomiędzy zarośla i krzaki".

Z tego samego wieku, co kronika Galla, pochodzą brązowe

rzeźbione podwoje katedry w Gnieźnie. Przedstawiają one w sposób narracyjny, charakterystyczny dla rzeźby romańskiej, sceny z życia św. Wojciecha. Rzeźba taka zastępowała teksty pisane, niedostępne dla niepiśmiennej rzeszy wiernych. Na bordiurze tych drzwi można znaleźć fragmenty przedstawiające zwierzynę lub sceny łowieckie. Wiele tu elementów antycznych, takich jak: stylizowana wić roślinna, walki Herkulesa z hydrą lub ptakami stymfalijskimi, czy astrologiczne przedstawienia związane z konstelacjami gwiezdnymi. Do najciekawszych z łowieckiego punktu widzenia należy motyw konstelacji Oriona, Psa i Zająca, stanowiący jakby scenę polowania na zające. Konstelacja Strzelca to znów strzelający z łuku myśliwy. Inne to przeszyta strzałą wiewiórka, pies, piękny jeleń i wilk goniący zdobycz. Sposób przedstawienia zwierząt miał również znaczenie symboliczne. Np. umieszczenie jelenia uciekającego przed wilkiem obok kwatery ukazującej konflikt św. Wojciecha z Bolesławem II czeskim symbolizowało ucieczkę tego świętego z klasztoru rzymskiego.

Elementy o tematyce łowieckiej zawiera także znajdujący się na Wawelu krzyż Kazimierza Jagiellończyka, wykonany na zlecenie króla z dwóch XIII-wiecznych diademów należących prawdopodobnie do Bolesława Wstydliwego i jego żony Kingi. Diademy te, wysadzane drogimi kamieniami, są dowodem wysokiego poziomu warsztatu złotniczego, o czym świadczą miniaturowe zdobienia roślinne i figuralne, przedstawiające polowania, myśliwych, psy, jelenie i turnieje.

Podobne elementy zawierają dwie płytki podłogowe z kościoła Dominikanów w Krakowie i kafel z reliefem polującego jeźdźca, przechowywany w Krakowie, w Muzeum Historycznym.

Zamiłowanie do łowów, ulubiona rozrywka królów, niosło jednak nie tylko radość z pokonania zwierzęcia, było także często przyczyną tragedii. Tak właśnie stało się z królem Kazimierzem Wielkim, który polował często w bezkresnych wówczas lasach niepołomickich, a nawet wzniósł tam drewniany kasztel. 8 września 1370 roku w puszczy pod Przedborzem (piotrkowskie) odbyło się wielkie polowanie. Pogoń za jeleniem zakończyła się dla króla upadkiem z konia i raną nogi. Wypadek ten zanotował naoczny świadek, podkanclerzy, późniejszy kronikarz Janko z Czarnkowa: „Roku Pańskiego 1370, miesiąca września dnia ósmego, który był dniem narodzin Najświętszej Panny Maryi, gdy tak często wzmiankowany najjaśniejszy król Kazimierz bawił na dworze Przedbórz, przezeń na nowo z miastem założonym, a przepięknie i zbytkownie urządzonym, chciał, jak to było w jego zwyczaju, iść na łowy jeleni. Gdy już wóz jego królewski był przygotowany i król chciał wsiadać do niego, niektórzy z wiernych radzili mu, aby w ten dzień jechania na łowy zaniechał. Zgadzając się na to, król zamierzał już był pozostać, aliści jakiś niecnota podszepnął mu parę słów o jakiejś (...) zabawie, wskutek czego król nie zważając na rozsądną radę, wsiadł na wóz i pospieszył do lasu na łowy. Tam nazajutrz goniąc jelenia, gdy się koń pod nim przewrócił, spadł z niego i otrzymał niemałą ranę na lewą goleń. Z tego uderzenia niebawem wywiązała się gorączka...".

Kazimierz, przywieziony do Krakowa, zmarł 5 listopada.

Zamiłowanie do łowów króla Władysława Jagiełły utrwala nawet królewski sarkofag, w którego stóp umieścił artysta psy i sokoły.

Myśliwi zawsze mieli swoich patronów. Początkowo była to Diana, następnie św. Eustachy, a w końcu św. Hubert, którego kult przetrwał do naszych czasów. W ołtarzu św. Trójcy w kaplicy Świętokrzyskiej na Wawelu przedstawione jest widzenie św. Eustachego, któremu objawił się jeleń z krzyżem umieszczonym na łbie. Ołtarz pochodzi z 1467 r., a autorem jego był tzw. Mistrz Chórów.

Wśród zabytków polskiej sztuki, czasami zupełnie niespodziewanie, natykamy się na temat łowiecki. Na ołtarzu Wita Stwosza z Kościoła Mariackiego w Krakowie (ołtarz ukończono 25 lipca 1489 r.) przedstawiony jest mężczyzna z typowym dla tego okresu tasakiem myśliwskim. W pochwie tasaka umieszczone są trzy dodatkowe pochewki, w których najczęściej umieszczano mniejszy nóż, szydło, czasami były tam noszone całe zestawy narzędzi; tasak noszono u prawego boku, na szerokim pasie przerzuconym przez ramię.

Kilka scen myśliwskich przedstawiono również na fasadzie ratusza wrocławskiego. Pochodzą one z ok. 1485 r. Cały zespół dekoracji rzeźbiarskiej zasługuje na specjalną uwagę, ponieważ przełamuje tradycje sztuki średniowiecznej. Wystrój południowej elewacji ratusza przedstawia epizody z życia rycerskiego, mieszczańskiego i chłopskiego. W ratuszu wrocławskim na ścianach zewnętrznych czy dekoracjach wewnętrznych, szczególnie zwornikach, można również zobaczyć wiele motywów zwierzęcych, jak walczące orły, niedźwiedzia i dzika.

Z przełomu XV i XVI w. pochodzi kafel z jeleniem, pozostałość z dawnego pieca zamkowego, odnaleziony pod posadzką krużganków Zamku Królewskiego na Wawelu.

Pierwszy opis polowania na żubry zawdzięczamy niemieckiemu twórcy świeckiej poezji nowożytnej Conradowi Celtesowi (1459 - 1508). Autor, wybitny humanista, wędrujący po całej Europie, przybył do Polski w 1488 r., w następnym roku zapisał się na Uniwersytet Krakowski, założył rodzaj towarzystwa naukowego, przyczyniając się do rozwoju idei humanistycznych. Po dwóch latach pobytu wyjechał z Polski. Celtes pozostawił po sobie dużą spuściznę poetycką. Wśród elegii wydanych w Norymberdze w 1502 r. znalazła się pieśń o Wiśle, przedrukowana w dziele Jana Pistoriusa wydanym w Bazylei (1582 r.) pt. *Polonicae historiae corpus*... Pieśń nosi tytuł w przekładzie polskim: *Pieśń Konrada Celtisa, poety łacińskiego, do Wisły z opisaniem jej źródeł i ujścia, jako też polowania na żubry*. Interesujący nas fragment przetłumaczył prof. Witołd Ziembicki.

„... Przez mazowiecką płyniesz nizinę, na której
Żyją kosmate żubry i potężne tury.
Zwierz to iście potworny, w obyczajach srogi,
Wzrok ogniem ciskający ma, zagięte rogi,
Sierść czarną, łeb kudłaty, jak i ciało całe,
Długa broda okrywa mu gardło nabrzmiałe.
Gdy w drodze nieprzyjazna stanie mu istota,
Na rogi ją porywa i w powietrze miota.
Gdy gniewny, wszystko niszczy i miażdży dokoła,
Nawet drzewa obala uderzeniem czoła!
Myśliwiec jednak, kiedy wytropi to zwierzę,
Takim oto podstępem do niego się bierze:
Najpierw podrażnia bestię i twarde jej ciało
Kaleczy, zręcznie z łuku wypuszczoną strzałą,
Poczem niby ucieka i za pniem się chowa,
W który wali rogata, straszna żubra głowa.
Byk szaleje i pragnie dostać napastnika,
Wkoło dębu go szuka, lecz tamten umyka,
I co chwilę zza drzewa nowy cios wymierza,

Gęsto raniąc grotami mocną skórę zwierza.
Tak, aż go wreszcie siły opuszczają snadnie,
I do walki niezdolny, ustaje bezwładnie.
Wtedy łowcza drużyna wychodzi z ukrycia,
Otacza zwierza kołem i pozbawia życia...".

Doskonały opis polowania na żubry pozostawił również Mikołaj Hussowski w poemacie pisanym po łacinie *Carmen... de statura feritate ac venatione bisontis* (*Poemat o żubrze*). Interesująca jest geneza poematu. Hussowski, rodem z Białej Rusi, w młodości przebywał w otoczeniu sekretarza króla Aleksandra, Erazma Ciołka. Erazm Ciołek, już jako biskup płocki, posłował w latach 1518 - 1522 od króla Zygmunta I do papieża Leona X. Podczas pokazu walki byków zaczęło rozmawiać o żubrach, na które poluje się w polskich i litewskich kniejach. Papież, który chętnie uczestniczył w polowaniach, poprosił o wypchanego żubra. Ciołek zlecił Hussowskiemu napisanie także poematu o żubrze. Niestety, papież zmarł, zanim doręczono mu poemat, a niedługo po nim na zarazę panującą w Rzymie zmarł również biskup Ciołek. Hussowski wrócił do Krakowa, lecz przeciwnicy Erazma Ciołka nie pozwalali mu na zdobycie pracy. Wtedy poeta, chcąc nawiązać kontakt z dworem królewskim, wydał w 1525 r. *Poemat o żubrze* i dedykował go królowej Bonie, która chętnie spędzała czas na łowach. Wiersz ten znamy w wersji polskiej, w przekładzie Jana Kasprowicza (1913):

„Najdzikszy stwór ten w puszczach litewskich się rodzi
A cielskiem tak ogromnym odznaczać się zwykł,
Że kiedy łeb, konając, zwyciężon pochyli,
Trzech chłopów może wpośród rogów jego siąść.
Lecz kark jego olbrzymi zbyt mały się wyda,
Jeślibyś inne członki z nim porównać chciał.
Brodzisko sterczy w strasznych zwieszając się kudłach,
Płomienne ślepia sieją przeraźliwy gniew,
Potworne włosie grzywy spływa po łopatkach
Kolana kryjąc sobą, przód i całą pierś.
Lecz jeśli wielkie sprawy mam łączyć z drobnymi,
Jeśli się myśliwskich wolno czepiać słów,
Na kozła rogatego wygląda z postaci,
Choć z wszystkich widać członków, iże z rodu byk.
A barwy jest ciemnawej: z żółtej oraz czarnej
Tak zlała się, że wyszła stąd pośrednia z barw".

Autor nawiązuje w opisach do Pliniusza, który pisze o turze i żubrze, później przedstawia życie żubra podkreślając jego czujność, walki między samcami o panowanie nad stadem i wreszcie śmierć na polowaniu:

„Nasamprzód poraniły go lekkie pociski,
Sterczały w górę pręty posłanych mu strzał.
Rozwścieklon, strasznie sapiąc drżącymi nozdrzami,
Gromadę łowców zmierzył spojrzeniem i wraz
Zwrot nagły uczyniwszy, w gwałtownych podskokach
Co prędzej jął uciekać, jeźdźce za nim w ślad
Z okrzykiem przeraźliwym puścili się w pogoń;
Rozległ się głos w okrąg odbity od chmur.
Lecz gdy w szalonym biegu dotarł zwierz do miejsca,
Gdzie drogę mu tamował stos zwalonych kłód,
Zatrzymał go wrzask łowców; odparty, przystanął
I zdawał się namyślać, którędy by zbiec,
Wtem ranę mu zadaje świszczący znów pocisk,
Ażeby go rozpętał jeszcze większy gniew.
Widząc, jak mu cielsko przeszywa żelazo,
W szaleństwo wręcz popada rozjuszony żubr:
Myśliwych okrutnymi przebija ciosami,
Wciąż bacząc, gdzie najgęściej skupia się ich tłum.
Nasamprzód, rażąc krwawo, kieruje swe ciosy
Ku sforze rozszczekanej, potem wpada w lud..."

Z puszczy przepełnionej krzykami ludzi, szczekaniem psów i rykiem rozjuszonego zwierza, przenieśmy się w spokojne życie mieszczan krakowskich z 1505 roku. Wówczas to za panowania Aleksandra Jagiellończyka powstał ważny dokument, zawierający spisane przywileje i statuty miasta Krakowa, roty przysiąg i ustawy cechów krakowskich. Nosi on nazwę Kodeksu Baltazara Behema. Kodeks jest ozdobiony pięknymi miniaturami przedstawiającymi pracę rzemieślników i herby cechowe. Dwie z miniatur przedstawiają warsztaty, gdzie powstawała broń, tj. warsztat łucznika i kusznika oraz miecznika. Autor miniatur, tworzący pod wpływem malarstwa niderlandzkiego, pozostał nieznany. Jak ciekawy jest to dokument potwierdza fakt, że kopię jego ofiarowano papieżowi podczas ostatniej wizyty w Polsce.

W podobnych warsztatach powstawała broń myśliwska, znajdująca się obecnie w zbiorach Zamku Królewskiego na Wawelu. Jest to kusza myśliwska z łożem drewnianym, inkrustowanym kością, pochodząca z Niemiec Południowych (1541 r.) i strzelba myśliwska lontowo — kołowa (Muzeum Wojska Polskiego).

Z tego okresu pochodzą jedne z najcenniejszych naszych zabytków — arrasy. Zakupione we Flandrii przez Zygmunta Augusta, pochodziły z warsztatów brukselskich. Mimo swego pochodzenia, niepodzielnie związane są z polską kulturą. Opony te, jak je kiedyś zwano, służyły do dekoracji wnętrz Zamku Wawelskiego. Po raz pierwszy kolekcja została pokazana w 1553 r. z okazji zaślubin króla z Katarzyną Mantuańską i była uzupełniana aż do jego śmierci. Zbiór arrasów liczył pierwotnie trzysta pięćdziesiąt sztuk i składał się z kilku serii, jedna z nich była krajobrazowo-zwierzęca (według kartonów malarza flamandzkiego W. Tonosa). Zwierzęta przedstawione na arrasach to: jeleń, spoczywający daniel i biegnące łanie, dziki, lis zabijający ptaka, a także wiele zwierząt egzotycznych.

Ze zbiorów Zamku Królewskiego na Wawelu pochodzi także inny gobelin ze sceną polowania oraz herbami i inicjałami Dymitra Chaleckiego, podskarbiego wielkiego litewskiego. Wykonany był prawdopodobnie w Brukseli w końcu XVI w. Drugi z tej serii, przedstawiający polowanie na lwy, przeznaczony był dla Zamku Królewskiego w Warszawie.

Brak polskiej książki łowieckiej wypełnił Jędrzej Trzecieski, wykształcony za granicą humanista, poeta, od 1547 r. urzędowy dostawca książek do biblioteki Zygmunta Starego, a później Zygmunta Augusta. Tłumaczył on pisarza włoskiego Piotra Crescentyna *Księgi o gospodarstwie y o opatrzeniu rozmnożenia rozlicznych pożytków każdemu stanowi potrzebne*. Jeden rozdział dotyczy myślistwa i nosi tytuł: *Księgi jedenaste o myślistwie to jest o rozmaitej chytrości ujmowania ptactwa i też zwierząt*. Dzieło drukowano w Krakowie u Heleny Florianowej (jednej z najznaczniejszych drukarni tego czasu) w roku 1549.

Książka napisana jest językiem prostym, lecz bardzo sprawnym, co znamionuje człowieka wykształconego, a ujęcie tematu łowieckiego — również wytrawnego myśliwego. Temat łowiecki potraktowany jest dość szeroko, autor poświęca mu ponad trzydzieści stron. Sporo miejsca zajmuje opis układania ptaków łowczych i leczenia ich chorób. Bardzo ciekawy jest stosunek autora do zwierząt, czego przykładem jest rozdział poświęcony krogulcowi. Pisze w nim autor między innymi: „Jak się z krogulcem obchodzić..., aby od pana nie odchadzał, ale się go rozmiłował. Ma się strzedz myśliwiec, by w czem krogulca nie obraził, bo ten ptak jest bardzo gniewny, przeto gdy go obaczy gniewnego, iż się miecze na ręce lub na żerdzi... ma go znienagła podnosić, głaskać pomuskując pióra i gładząc... jemu we wszem folgować... zawsze go na ręku karmić, w niczym mu się nie przeciwiać".

W tym czasie łowiectwo w Polsce było w pełnym rozkwicie. Coraz liczniejsza drobna szlachta traktuje polowanie nie tylko jako rozrywkę, ale źródło zaopatrzenia spiżarni i podratowania często pustej kiesy. Mówi o tym Mikołaj Rej: ,,A jeśli nie ma lasów albo wód wielkich, azaż też zła sarnka albo wilczek z siatkami go poszukawszy (a skóra dziś za pięć złotych, mało nie jako rysia), albo też kuszę żelazną na lisa zastawić (i z tego też niezła Kopa)...".

Uroki polowania wysławia Rej w *Żywocie człowieka poczciwego*: ,,Pojedziesz sobie z krogulaszkiem do żniwa, ono nadobnie żną, dzieweczki sobie śpiewają, drudzy pokrzykawają... także sobie i przepióreczkę ugonić może, albo nie owak, aby proso lub insze zboże ubogim ludkom łamać miał". Jako rozrywkę jesienną zaleca Rej wyjazd na zające: ,,Tamże sobie możesz kazać i pieski, jeśli je masz wywrzeć, tamże sobie wnet rozkoszną krotochwilę uczynić; ano rozliczne głosy, jako fletniczki z puszczy krzyczą, ano myśliwiec wrzeszczy, trąbi dojeżdżając za nimi. Wypadnie zajączek, azaż go nie rozkosz poszczwać, za nim sobie pobiegać, a jeszcze lepsza do łęka go przywiązać i do domu przynieść; ano chuć i dobra myśl roście, ano się dobra krew mnoży...". Podobnie w zimie: ,,Azaż nie rozkosz z charty się przejeździć, na cietrzewia sieć zastawić, kuropatwiczkę rozsiadem (rodzaj sieci — przyp. aut.) przykryć, a przejeździwszy się, a obłowiwszy się do domu przyjechać".

Inaczej traktowała łowiectwo możniejsza szlachta. Za godne dorosłego mężczyzny uważano takie łowy, w których występował element niebezpieczeństwa, była potrzebna odwaga i zręczność. Była to szkoła rycerska, zaprawa do trudnych warunków życia wśród licznych w tych czasach wypraw wojennych. Ganiono młodzież unikającą tych ćwiczeń. O niej pisze z przekąsem Jan Kochanowski: ,,Nie umie syn szlachecki na koń wsiąść i w łowy na dziki zwierz z oszczepem jechać nie gotowy".

Marcin Kromer w książce *Polska — czyli o położeniu, ludności, obyczajach, urzędach i sprawach publicznych Królest-*

wa Polskiego wydanej w Kolonii w 1577 r. (II wydanie w 1578 r.), tak pisze o życiu szlachty: „Utrzymuje się wraz z domownikami z uprawy roli, hodowli trzody, bydła i pszczelarstwa oraz z polowania na zwierzynę i ptactwo...". Wyliczając zwierzynę żyjącą w Polsce, autor podaje ciekawe opisy polowania na żubry i niedźwiedzie. Znajdujemy w nich też i fragmenty dzisiaj osobliwe: „Myśliwi unikają dotknięcia języka żubra: wysunąwszy nieco jęzor zwierz przyciąga nim do siebie człowieka, nawet choćby dotknął jedynie samego brzegu jego odzieży, bo ma ten organ bardzo szorstki". W innym miejscu pisząc o łosiu radzi: „Kopyto zadnich nóg łosia, jeśli je zestrugać na początku jesieni — przy czym sztuka musi być jeszcze żywa — jest pożądanym lekiem, szczególnie dla cierpiących na padaczkę". Ciekawa jest geneza dzieła. Autor jako sekretarz królewski, podróżując po Europie, stwierdził, że mają tam błędne pojęcie o naszym kraju. Postanowił zatem dać źródło rzetelnych informacji. Książka była pisana po łacinie, przetłumaczył ją w 1853 r. Władysław Syrokomla, a w 1977 r. doczekała się powtórnego przekładu Stefana Kazikowskiego i opracowania Marchwińskiego w oficynie Pojezierze-Olsztyn.

Opisanie zwierzyny i łowów ilustrowane dość słabymi drzeworytami znajdujemy u Bartłomieja Paprockiego w książce *Koło rycerskie, w którym rozmaite stworzenia rozmowy swe mają i skąd człowiek może przykład wziąć, jako sam ma żyć, insze uczyć, y czego się wystrzegać*. Rzecz była wydana w Krakowie w r. 1575 prawdopodobnie przez Sebastiana Sternackiego.

Królowie nasi byli w większości namiętnymi myśliwymi. Należał do nich również Stefan Batory, mający zresztą w herbie łapę z trzema pazurami. Łowy królewskie bywały różne, raz wielodniowe, organizowane na wielką skalę, innym razem krótkie poranne, podczas pochodów wojennych, przed dniem pełnym pracy. Jak pisze pamiętnikarz Jan Piotrowski, mimo nawału pracy „król o wschodzie słońca na zając wyjeżdża co dzień". Po sejmie w Warszawie w 1578 r. wyjechał Batory na kilka dni do Ostrołęki. W tym samym roku przybył na odpoczynek do miejscowości należącej wówczas do kanclerza Jana Zamoyskiego. Przyjazd króla uczcił Jan Kochanowski poematem *Dryas Zamchana*. Jest to jedyny rękopis poety, napisany po łacinie, jaki dochował się do naszych czasów. Później autor przełożył utwór na język polski pt. *Dryas Zamechska*. Dostojnego gościa wita w Zamechu nimfa następującymi słowy:

„,... Znam Cię, o zacny królu, chociaś bez korony,
Ani w różny od inszych ubiór obleczony.
Znam Cię, o Królu Polski, choć tu miedze lasy,
Z dzikim zwierzem przebywam ja wszystkie swe czasy.
... Sam po ustawicznych
Pracach odpoczyń sobie w tych tu lesiech ślicznych.

Ale jeśli Cię raczej myśliwca myśl wiedzie
Na dzikie wieprze jechać albo na niedźwiedzie
Lubo sarny po puszczy gonić wiatronogie
Wszystko tu, królu mój, najdzisz mnóstwo srogie".

Również Stefanowi Batoremu pięknymi słowami: „,... A iż wiem, że nie temu konia dawam, któryby na nim jeździeć nie umiał...", zadedykował pierwsze pisane po polsku, całkowicie poświęcone myślistwu dzieło Mateusz Cygański. Jest nim *Myślistwo ptasze*, wydane w Krakowie w roku 1584, w drukarni Jakuba Siebeneychera. Książka zaopatrzona jest w pisany po łacinie przywilej królewski, który autor uzyskał w 1581 r. korzystając z pobytu króla w Warszawie. Przywilej zapewnia mu prawa autorskie na piętnaście lat. Król pisze: „Gdy wszelakiej pochwały i opieki najgodniejsi są ci, którzy ku codziennemu pożytkowi ludzi rozpowszechniają tajemnice sztuki lub jakiej bądź innej dostępnej nauki, przeto uważając nie tylko godnem pochwały, ale opieką naszą pragnąc osłonić zamiar szlachetnego Mateusza Cygańskiego, który drukiem pragnie ogłosić dziełko łowieckie, ułożone przezeń z długoletniego doświadczenia własnego, pisane w języku polskim, postanowiliśmy dać mu żądany przywilej".

Z *Myślistwa ptaszego* można wyodrębnić trzy zasadnicze działy: opisy ptaków, „pożytki z tych ptaków płynące" wraz ze sposobami ich łowienia oraz opis urządzeń temu służących, a głównie sieci". Posłuchajmy, co autor pisał o głuszcu:

„Zakonnik leśny ja, głuszec przy lesie
Mieszkawam, oto myśliwiec mię niesie.
Wysiedzieć w pustych bagnach nie mogę,
Któż lepszą niż człowiek może mieć ostrogę?"

I dalej:

„Głuszca na igrzyskach jakim sposobem masz uść albo uskakać. Naprzód, kiedy igrzyska nie wiesz, jedź, albo idź, wziąwszy wyżła, a tam gdzie najdziesz ptaków więcej, tamże patrzaj, gdzieby choina była cudna, podniosła, gałęziasta, a coby ptacy popruszeli, a jeśliże nie najdziesz, tedy idź przede dniem, a słuchaj, gdzieby ptacy grali, a gdy usłyszysz dwu albo trzech, albo też i więcej, tedy słuchaj, któryby na stronie grał, a tam do tego się obróć, bo skacząc inszeby popłoszył; a słuchaj, kiedy już odegra, tedy nadal skrzypi nosem, a na ten czas skacz trzy razy co możesz najdalej, bo tedy ani słyszy ani widzi, tylko wzgórę nos podniesie, a potem się nie ruszaj, aż zagra. Gdy ledwuchna zaśpiewa, tedy on najczęściej gra. Dostaniesz go też tam pod tym igrzyskiem sidłami rozmaitymi, jedno jeśli żeby nie było gołe, tedy trzeba poczynić miejsca gołe, gdzieby miał postawić ponoże abo prężyny, albo jakie insze przyprawy".

Ryciny ptaków nie były wykonane specjalnie do tego tekstu, pochodzą z *Lekarstw doświadczonych* Siennika. Często ta sama rycina, wykonana zresztą ręką nie najlepszego drzeworytnika, powtarza się przy różnych ptakach. Mimo braków językowych, stylistycznych i kompozycyjnych, zasługą autora jest to, że, jak pisał Józef Rostafiński, „zachował nam sztukę dawnego ptasznictwa, używania i robienia narzędzi łowczych".

Wraz z myślistwem rozwijał się odrębny język i obyczaje. Nowicjuszowi nie znającemu tego języka kazano wdrapywać się na drzewo, które przy ogólnej radości wraz z nim ścinano. Pisze o tym Sebastian Fabian Klonowicz we *Flisie* wydanym w 1595 r. w Krakowie:

„Tak u myśliwców, gdy kto kształtem innym
mówi polując, musi wnet być winnym
i musi z drzewem, prawnie osądzony,
Być podrębiony.
Już gębę trąbą zwać u charta musi
Kto już myśliwskiej polewki zakusi;
Zająca kotką, ucho już nie uchem,
Musi zwać słuchem.
Tłustego skromnym, prędkiego ciekawym
Musi zwać, kto chce być myśliwym prawym;
Wątrobę lekkim, a gdy się obłowi
Psom herab mowi".

Słownictwo myśliwych tego czasu przetrwało aż do naszych dni.

Cztery lata po ukazaniu się *Myślistwa ptaszego* wydany został w Krakowie drukiem Mikołaja Scharffenberga skromny, bo zaledwie trzydzieści jeden stron tekstu liczący, wiersz *Łowy Dyanny* Jana Achacego Kmity. Treść wiersza opisuje zgodnie z tytułem łowy Diany, utożsamianej dalej niesłusznie z boginią Juno. Obok niej drugim głównym uczestnikiem łowów jest Julus, a oprócz tego szereg innych postaci mitologicznych. Pierwszą zdobyczą jest dzik:

„... Myśliwcy z lasa zwierza wyszczwali,
Wypadł zwierz straszny, a z swoiej gęby
Pijany toczył, przez ostre zęby.
I tu i ówdzie oczy zwracając,
Zębami swymi strasznie zgrzytając,
A grzbiet miał ostry srogo zbrojny
Wszystek w żywicy lipkiej skalony.
Którego chciwi psi poganiają,
Za nim myśliwcy krzykiem wołają..."

Duże kłopoty były z jaźwcem. Nie mogli sobie z nim poradzić myśliwi, ani psy. Na pomoc przybywa Sikamber ze strzelbą:

„... Bo sztukę długą ze spiżu kowaną,
A wewnątrz prosto miernie wiercianą,
Saletrą, siarką, węglem leszkowym
Nakarmił dobrze prochem gotowym.
Którą ruśnice zamyka płonem,
Z wierzchu ołowiem w ogniu topionym.
I zamierzył na tę twardą bestyą
Patrzę aza jej rychlej pożyją.
Już przytknął hupki, a ona siłą
Mocną ognistą iskrę rzuciła.
Zatym już ciemny wzgorę dym burzy,
A z jeźca para dziurą się kurzy..."

Zamknięciem utworu są dwa oddzielne wiersze: *Sylwan Niepolomski* i *Pomona*. W *Sylwanie* autor zaprasza do siebie:

„... Chceszli serce nacieszyć polem a radośnie
Napaść uszy, kiedy więc psi gonią rozkosznie.
Niechaj Boga i lutnia cieszą i organy,
ja wolę słuchać krzyku, kiedy zając szczwany".

Następnym w pełni łowieckim dziełem jest *Myśliwiec* Tomasza Bielawskiego, wydany w Krakowie w roku 1595. Przypuszczalnie wydawcą był Jakub Siebeneycher. Bielawski, wywodzący się w województwa łęczyckiego, brał udział w wojennych wyprawach króla, później przeszedł na służbę do Jana Sokołowskiego w Bystrym, któremu dedykował swoją pracę.

Myśliwiec jest wykładem zasad polowania. Książka poza „Słowami do myśliwca", zawierającymi ogólne uwagi dotyczące polowania, podzielona jest na szesnaście obrotów, czyli wypraw myśliwskich, i zakończenie, zatytułowane „Zamknięcie myśliwca". Obrót — termin wzięty z polowania z chartami, oznacza np. gonienie zająca lub zmuszenie gonionego zwierzaka do zmiany kierunku ucieczki.

W „Słowach do myśliwca" autor podkreśla konieczność dobrej znajomości terenu i przygotowania się do polowania.

Sam bez psów obejdziesz knieje,
Obaczże, gdzie się co dzieje.
Jeśli tam z psy nie dobieżysz,
Siecią zwierza dobrze wzjeżysz.
Gdzie dół, kędy góra,
I w chroście przykra pagóra,
Tu obacza sam, wiedz co czynić
Niż masz ze psy w pole wynić.
A znaj kąt, gdzie kąta bliski,
I jamy, gdzie siedzą liszki,
Boć pies idzie, lecz ty rządzisz,
nie przeźrzawszy, wskok pobłądzisz.

Obrót I wprowadza czytelnika w temat i przedstawia stosunek do myślistwa autora, który nie jest entuzjastą polowania, ponieważ według autora narusza ono naturalne prawa przyrody.

„... Zje chłop wilka, wilk chłopa, ten temu pan będzie,
Kto mu zębem na grzbiecie i mocą usiędzie.
Wszystko to grzech, wszak tego nie bywało w raju,
Niemy zwierz trącić człeka nie miał w obyczaju.
Dobry tedy myśliwiec pochwytał korabiem,
To co my psy, sieciami, abo strzelbą wabiem..."

Obrót II pochwala życie ziemiańskie, stawiając myślistwo na właściwym miejscu — w rzędzie rozrywek, a nie podstawy utrzymania szlachcica. Podkreśla zależność stanu zwierzyny od jakości gospodarki rolnej:

„... Z pola się każdy żywi, abo w polu,
Przeto rząd trzymać w takowym okolu,
Bo zwierz, ptak tuży, gdzie lepiej zorano,
Źle, gdzie nie siano..."

Obroty od III do VI poświęcone są psom myśliwskim, sposobom wychowania, układania do łowów, rozpoznawania wad i zalet oraz nadawania imion zgodnych z charakterem. Do psów wraca jeszcze raz autor w obrocie VIII i XVII. Świadczy to o zainteresowaniach Bielawskiego, jak również o roli psa w łowiectwie.

Obrót VII to polowanie na różną zwierzynę, nawet egzotyczną:

„... Oszczep, sieć, pies, kij dobry misiowi do rzeczy..."

„... Lew się sieci nie boi, szkodząc zwierz i bydło,
W ziemi jednak zbudujesz nań niezbyte sidło..."

Najciekawszy jest opis polowania na żubra:

„... Żubra psem próżno straszyć, snadniej go z pałkacza
Między rogi umierzyć, niechaj się obraca.
Król Batory na straży siecią trzecimilną
Otoczywszy, zwierzynę bierał nieomylną.
Tak pomału sieć oną zaraz ukracano,
Zwierza siecią stuliwszy, co król kazał, brano".

Obrót IX to znowu polowanie na różnego zwierza, X zaś na lisy i zające:

„... Jeśli na lisy, na zające,
Konia i charty miej rącze.
Boć — ten polem, niż miazgą, brzuszkowi dogadza,
Zającowi zagom, gęś lisowi zawadza".

W XI obrocie „... Na drobny zwierz, wiersze też dobry..." polowania na drobną zwierzynę, jak królik, jaźwiec, tchórz, gronostaj, łasica, zaś XII polowanie na salamandrę.

Obroty XIII i XIV poświęcone są myślistwu ptaszemu, XV rybołówstwu.

Aleksander Brückner postawił *Myśliwca* ponad inne utwory myśliwskie, książka ta zyskała także wysoką ocenę Juliana Krzyżanowskiego.

Trudno w tym okresie znaleźć zabytki sztuki plastycznej o tematyce łowieckiej. Do nielicznych można zaliczyć stylizowanego jelenia, pochodzącego z kraty w sieni Ratusza Głównego w Gdańsku. Krata wykonana z kutego żelaza datowana jest na 1605 r.

Z tego też okresu pochodzą zabytkowe części bogato zdobionego uzbrojenia myśliwskiego. Między innymi tasak myśliwski wykonany w Niemczech w 1621 r., a pochodzący ze zbrojowni Zygmunta III. Tasak ma głownię rozszerzającą się ku sztychowi, jelec z pierścieniem, okładziny rękojeści z oręża jelenia. Pochwa z wiśniowej skóry okuta żelazną trybowaną blachą w górnej części ma dziewięciopolowy kartusz z herbami Polski, Litwy, Szwecji, Gotlandii i Wazów. W części dolnej scena myśliwska: ogary osaczające jelenia. W osobnych przegródkach pochwy trzy nożyki z trzonkami z drewna czeczotkowego i skuwkami z białego metalu. Jest własnością Muzeum Narodowego w Warszawie.

Nie można tu nie wspomnieć o broni palnej. W XVII i później w XVIII wieku wyrabiano w Cieszynie — stąd nazwa cieszynki — strzelby z zamkiem kołowym. Broń ta cieszyła się bardzo dobrą opinią, była też pięknie ozdabiana. Jeden z egzemplarzy znajduje się w Państwowych Zbiorach Sztuki na Wawelu, ma stalową ośmioboczną lufę, pokrytą częściowo rytowanym i złoconym ornamentem roślinnym. Łoże i kolba z drewna orzechowego inkrustowanego rytowaną kością i masą perłową, we wzory roślinne i zwierzęce. Inny zachowany egzemplarz, podobnie wykonany, zdobiony jest w motywy figuralne i zwierzęce, pochodzi z Muzeum Wojska Polskiego w Warszawie.

Podczas panowania Zygmunta III, w 1627 r. pomimo troskliwej ochrony, padł na świecie ostatni tur. Ostoją jego była Puszcza Jaktorowska, należąca do zamku sochaczewskiego. W pobliskich Wiskitkach istniał dawny dwór myśliwski książąt mazowieckich. Mieszkańcy Jaktorowa nie ponosili ciężarów na rzecz grodu, ale obowiązani byli do opiekowania się turami. Zarządzenie Zygmunta III z 1597 r. mówi: „Skazujemy, aby poddani wsi pomienionej, gdzie turowie bywają i pastwiska albo stanowiska mają, bydła swego nie ganiali, a traw na pożytek swój nie kosili ani obracali, gdyż ta wieś nie tak dalece dla dobytków ich, jako dla turów i takiego zwierza wczasu już posadzona i wolnościami obdarzona. Starosta sochaczewski ma tego przestrzegać, jakoby puszcza nasza, gdzie tur przebywa, od poddanych przerzeczonych pustoszoną nie była, żeby turowie, zwierz nasz, mieli swe dawne stanowiska". Podczas lustracji tych dóbr w 1599 r. były jeszcze dwadzieścia cztery tury.

Warto dodać, że na zachodzie Europy już w XVI w. tur był od dawna zwierzyną nieznaną i mylono go z żubrem. Dodatkowym źródłem nieporozumienia była nazwa zwierza — tur. W Niemczech żubry zwano *Aurox* lub *Urox*, a więc w sposób podobnie brzmiący. Dopiero w XIX w. znaleziono w augsburskim antykwariacie olejny obraz nieznanego polskiego artysty przedstawiający wizerunek byka z podpisem „tur". Dalsze poszukiwania doprowadziły do odnalezienia książek posła dworu wiedeńskiego, barona von Herbersteina z podróży do Polski i Rosji w latach 1516 - 1533, w których autor wspomina zarówno o żubrach, jak i o turach, podając ich opisy. Zgodnie z tymi opisami wykonane są drzeworyty Augustyna Hirsfolga. Wizerunki opatrzone są objaśnieniami. Pod turem: „jestem Urus, zwany przez Polaków turem, przez Niemców Aurox, a przez nieuków bizonem", pod żubrem: „jestem bizonem, zwanym przez Polaków żubrem, przez Niemców Wisent, a przez nieuków Aurox".

Królewiczowi polskiemu i szwedzkiemu, późniejszemu Władysławowi IV, poświęcił pracę *Myślistwo z ogary* Jan z Ostroroga, wojewoda poznański. Drukował ją w Krakowie w 1618 roku Bazyli Skalski.

Autor, jak wielu współczesnych, traktował łowy jako zaprawę rycerską: „... zawżdy ta uczciwa zabawka między rycerskie zabawki, zawżdy za jakieś wyobrażenie wojny poczytana była...". Swoją wytrzymałość na trudy przypisuje zaprawie łowieckiej: „... wytrwałem wszystkie obozowe i wojenne niewczasy, jako kto młody i zdrowy, co się tym stało, że myśliwym będąc, nigdy się czasu pokoju nie pieścił, alem często na koniach pracował, niewczasom, którychem się był za młodu cierpieć i wytrwać nauczył, nie wystrzegałem się, i nie legartowałem, i teraz, chociem już stary i do końca skaleczony, że i chodzić nie mogę, kiedy mię na konia wsadzą, wytrwam na nim, jeśli trzeba. A nawet tym samym najbardziej zdrowie zatrzymywam; czego nie wytrwałbym pewnie (a pono i nikt) by nie przy myślistwie".

Podręcznik, bo tak trzeba traktować ten druk, podzielony jest na trzy księgi: O ogarach — a naprzód o ich chowaniu — księgi pierwsze; O psiech — księgi wtóre; O myślistwie — księgi trzecie.

W pierwszej księdze podano szereg rad, jak dobierać szczenięta, jaki powinien być ich ojciec i jak je hodować. Są tu porady w wielu przypadkach jeszcze do dziś aktualne, lecz inne, jak sposoby na wściekliznę były chyba mniej skuteczne: „A kiedy postrzeże, że się pies wściekać poczyna:

1. Dać mu wskok dryakwi tyle czworo, ile zdrowemu się dawa w prezerwatywie.
2. Dać mu świercza żywego, abo dwa w słoninie.
3. Krew mu puścić, a to grunt. Jeśli to nie pomoże przez noc, nazajutrz dać mu *oleum philosophorum* pół łyżki".

A niezawodny sposób na wyleczenie psa z robaków brzmiał: „Pewna też psu, co robaki ma, uwiązać żabę u szyje, żeby na nim wisiała, tedy wypadną".

Za to czytając „Księgi wtóre — O psiech" słyszy się już niemalże granie ogarów na tropie. Autor w zależności od charakteru psa i jego funkcji w sforze dzieli psy na następujące „rzemiosła": przejemca, popędźca, gońca, wyprawca, poprawca. „Przejemca abo łowca, jest pies, który opowiada zająca, że był tam, gdzie go przejął, i zwoływa towarzystwo, aby go z nim szukali". „Popędźca albo znaleźca jest pies, który umie zająca znaleźć. Ten dwojaki jest: jeden szuka rozumem, drugi pilnością". „Gońca jest pies wietanny, który popędzone zwierzę goni ze wszystkiego skoku póty, póki może abo on gonić, abo zwierzę uciekać". „Wyprawca pies też czyni co gońca, jedno co ten wiatrem i prędzej, to on kopytem i leniwiej, a zatym nie tak rączo goni, ale się też nie znosi, i co gońca zniósłszy się omieszka zakładając, to ten nadściągnie za nim bez zniesienia wyprawując choć leniwiej idąc, i pospolicie w kupie gońcy w przodku chodzą, wprawcy pozad". „Poprawca jest, który zająca przypadnionego musi poprawić".

Ale są i psy złe: zasadźca, wskopoczny, postronny, zabawca, bydlarz. „Przeto bez tych wad ma mieć psy myśliwiec dobry, a z owakich mistrzów złożone, jako się przedtym wypisało, żeby zająca i przejąć, i popędzić, i ugonić umieli".

Psów trzeba było mieć wiele: „Psów do uciechy doskonałej dosyć jest sfór dwanaście, nie nazbyt szesnaście, dwudziestu nigdy wywierać nie trzeba". Należy dodać, że sfora były to dwie złączone jedną smyczą obroże, czyli dwa psy. Nic dziwnego, że nie jednego szlachcica psy „zjadły".

Dużą uwagę zwraca się na psie głosy. „Głosy psie, jako wszelakie, od basa się poczynają, a na dyszkancie stawają, przeto i korygować głosy psie, i poznawać kto chce, ma naprzód *firmam impressionem* uczynić, żeby dobrze rozdzielił na basy, tenory, alty i dyszkanty".

„Księgi trzecie" traktują o myśliwcu, czyli służbie myśliwskiej i przebiegu łowów. „Myśliwiec jest jakoby hetman, wódz i sprawca psi, który nimi rządzić ma, i spoznawać je, używając ich rozrywki i zmysłu, i mocy do słusznego szukania, prędkiego znalezienia i ugonienia zwierzęcia. Czemu aby dosyć uczynił, trzeba żeby go psi słuchali: a to będzie, kiedy go będą miłować i wierzyć mu".

Ważna dla myśliwego jest umiejętność właściwego używania sygnałów łowieckich: „Jeśli na czym w myślistwie należy, jako na trąbieniu; bo iż myślistwo na bieganiu psów, ale ledwie nie najwięcej po lasach, gdzie myśliwca rzadko widzą, należy — jako głosem ludzkim między nimi rząd się trzyma, tak też i trąbieniu nie ladajaka wspiera. Trąbienie tedy do każdego zamysłu i potrzeby myśliwskiej ma być inaksze. Kiedy psów zwoływać, tedy trzeba trąbić z przewłoką, to jest tonem jednym, co najdłużej dodymając, a rzadko oktawę wynosząc i mało przebierając; takim trąbieniem strębują psy doma do karmienia, takim do sforowania doma, takim do odprawy na polu, póki jedno którego psa nie dostawa". I tak na każdą czynność był inny sygnał.

Myślistwo z ogary długo nie traciło na aktualności, miało wiele wydań jeszcze nawet w XIX w. i doczekało się kilku opracowań (wydania: Kraków 1649, Łowicz 1797, Kraków 1859, Warszawa 1902).

Do najstarszych druków łowieckich należy zaliczyć również *Gospodarstwo jezdeckie, strzelcze i myśliwcze z Doświadczenia NN Szlachcica Polskiego napisane Roku Pańskiego 1600. A teraz świeżo z dozwolenia starszych do druku podane w Poznaniu 1690*. Autorstwo książki przypisywane jest Anzelmowi Gostomskiemu. Książka w większości poświęcona jest hodowli i ujeżdżaniu konia oraz akcesoriom związanym z konną jazdą.

W części poświęconej polowaniu autor podaje wskazówki, jak uczyć strzelca jego zawodu, jak obchodzić się z bronią i parę nauk dotyczących polowania i zwierzyny. I tak:

„Rusznica. W tej do kuli i do glotu rura na półpięty piędzi być ma, a dziura mniej, coby się w niej palec wtóry podle małego wetknął, a zapał cienki, aby w nim wzad mocy prochowej nieubyło, i dla zapewnienia aby nie mijał, a dla targnienia aby nie zostawał i namniej szroty... Rusznicę kto komu zaleca, ma sam z niej trzykroć raz po razie na pół staj kulę ubić w ową, co to grawają, kartę". Myślistwa zaś należy uczyć „z rusznicą na wiosnę, z sokoły w lecie, z ogary w jesieni, z rarogi w zimie".

Jednocześnie autor podaje, jaki powinien być raróg: „Raroża dobroć. To jest aby myśliwca słuchały, i zająca pilni byli, jedna na noszenie należy więcej, których tak unaszając, jako i jemi szczując, potrzeba nosić, skrom do wody przysadzić, aby się obrały na czas.

Raroga na który dzień przyprawisz, abyś z nim jechał, żeby ona przyprawa nie była próżna, a nie chybiała do nakarmienia potrzebnego czasu, by go też tak na wypustniu, jako i na zabitym z rusznice, by jedno na świeżej krwi zajęczej nakarmić mógł, bo omylnego myśliwca rarog też omyli rad.

Raroga potrzeba by pilnowali charci, jako i jastrzębia wyżłowie też, bo bez tego nie mogą oba dobry być".

Ciekawa jest wskazówka dotycząca ochrony zwierzyny, co już wtedy brano pod uwagę: „Zwierza, zajęcy nie ochraniać kiedy? Od św. Bartłomieja do zapust, gdy już wypłodzon jest...". Natomiast według autora dla „utrzymania myślistwa miernego" potrzeba: „Osim koni myśliwców, trzej szczwacze, trzy nawspor, dwa w knieją za psy, dwa chłopi w domu gotować psom i koniom, chartów smycz pięć, ogarów sfor piętnaście...".

Prezentując dzieła sztuki o tematyce łowieckiej lub związane z łowiectwem siedemnastowiecznym nie sposób znów nie wspomnieć o pięknie wykonanej broni.

I tak w zbiorach Muzeum Wojska Polskiego znajduje się kołczan skórzany ze strzałami wyboru lwowskiego.

Natomiast zbiory pałacu w Wilanowie mogą poszczycić się posiadaniem arkebuza myśliwskiego z drugiej ćwierci XVII w. Arkebuz ma ośmiogranną lufę gwintowaną kalibru 13 o siedmiu nacięciach opatrzoną w muszkę z celownikiem. Zamek kołowy z rytymi ornamentami roślinno-zwierzęcymi na blasze. Spust z bezpiecznikiem. Łoże inkrustowane kością w sceny myśliwskie i ornamenty roślinne.

Z tego samego okresu pochodzi strzelba myśliwska z zamkiem kołowym, wykonana przez Zachariasza Herolda, nadwornego rusznikarza saskiego, działającego na terenie Drezna w latach 1586 - 1628. Strzelba znajduje się w zbiorach zamku w Malborku.

Ze zbrojowni Zamku Królewskiego na Wawelu pochodzą dwa dalsze eksponaty z XVII w., o dużej wartości artystycznej.

Pierwszy to ormiański rożek na proch, z drewna orzechowego, okuwany stalą, inkrustowany kością słoniową i złotem.

Drugi, to francuska strzelba skałkowa z końca XVII w., pochodząca ze zbiorów zamku Radziwiłłów w Nieświeżu. Strzelba ma łoże orzechowe, stalową lufę z rzeźbioną sceną Kuźni Walhana i wylotem w kształcie kapitela kolumny.

Do uzbrojenia należy zaliczyć kałkan, wyjęty z trumny króla

Zygmunta III przez Tadeusza Czackiego, będący w posiadaniu zbiorów Zamku Królewskiego na Wawelu. Kałkan jest prawdopodobnie pochodzenia perskiego z przełomu XVI i XVII w. Pokryty blachą srebrną złoconą z turkusami i płytami nefrytu. Podszewka zdobiona w motywy walczących zwierząt.

Temat łowiecki można również odnaleźć wśród zabytków sztuki sakralnej połowy XVII w. W kolegiacie we Fromborku przy czwartym filarze nawy północnej umieszczony jest ołtarz Wniebowzięcia Najświętszej Panny Marii. Został ufundowany przez kanonika Eustachego Nauchena ok. 1624 r. W nastawie ołtarza umieszczono obraz Wniebowzięcia N.M. Panny, na konsoli postać św. Eustachego w stroju łowieckim, u podnóża łeb jelenia z krucyfiksem. Po prawej stronie symetrycznie umieszczona postać św. Jerzego. Złocenia ołtarza wykonał Mikołaj Dobrzewski, złotnik z Elbląga.

Do malarstwa tego okresu można zaliczyć jedyny obraz Krzysztofa Lubienieckiego, zresztą reprezentujący szkołę amsterdamską, *Handlarz dziczyzną*.

W roku 1675 ukazała się w Krakowie, nakładem Krzysztofa Schedla *Oekonomika Ziemiańska* pióra Jakuba Kazimierza Haura. Autor (1632 - 1709) był synem ławnika warszawskiego i dworki królowej Konstancji. Sam pracował w dobrach Stanisława Skarszowskiego jako pisarz i superintendent. Książka, powstała pod wpływem literatury zachodnioeuropejskiej i wcześniejszej polskiej, odegrała w dziejach polskiej literatury agronomicznej poważną rolę, była wydana kilkakrotnie, w odpisach krążyła po dworach szlacheckich, a nawet później obowiązywała w szkołach Komisji Edukacji Narodowej. Jej drugie wydanie w 1679 r. przyspieszono na skutek osobistej interwencji króla Jana III i było dwukrotnie obszerniejsze od pierwszego, powiększone o suplementy niemal dosłownie przepisane z traktatu Crescentyna.

Książka ta zawiera wiele uwag i porad dotyczących łowiectwa, bo: ,,Po pracach, trudach i kłopotach gospodarskich nie zawadzi się czasem zabawić myślistwem gospodarzowi''. ,,Myślistwo trojakie czyni pożytki, pierwsze zdrowia dodaje, z głowy wypędza melankolie, człowieka rekuruje, choroby uśmierza, czerstwym i do wszystkiego rycerstwa sposobnym czyni''. A więc autor, podobnie jak jego poprzednicy, traktuje polowanie jako zaprawę rycerską na czas pokoju.

Wydanie z 1679 r. zawiera również uzupełnienia: „Człowiekowi, ile przy wsiach zostającemu i też podróżnemu, obawiać się trzeba niebezpieczeństwa to jest wilka, wieprza i niedźwiedzia, na których trafia się to, że się orężem obronić nie może, a czasem o wilka i dołu kopać nie przyjdzie, od niedźwiedzia także czasem pewne bywa łóżko, a od wieprza trumnę i mary gotować". I już trochę anegdotycznie: „Człowieka napadli wilcy, on wlazł na drzewo, ale oni to drzewo podkopali, więc on skaleczył palec, na wilka nakapał krwi i inni wilcy go zjedli".

Więcej informacji łowieckich zawiera wydana w 1693 r. książka Haura *Skład albo skarbiec znakomitych sekretów ekonomiey ziemiańskiej*, będąca rodzajem encyklopedii rolniczo-medyczno-astrologiczno-astronomiczno-zoologicznej. Np. traktat XIX jest zatytułowany: „O myślistwie powietrznym i ziemnym, o łowach misternych, o ćwiczeniu, wychowaniu, własności i naturze z lekarstwami, sekretami i uciesznymi okolicznościami opisany". Inne traktaty, czyli rozdziały mówią „O zwierzu dzikim ziemnym...", „O zwierzu cudzoziemskim...". Wszędzie autor daje rady, np. na celną kulę: „Dostać z nietoperza, alias gacka serca i wątroby włożyć to w rozpalony ołów, kiedy kule masz lać, pewna stąd będzie na kuchnię zwierzyna".

Panowanie Sasów nie sprzyjało rozwojowi literatury łowieckiej. Obaj królowie, chciaż namiętni myśliwi, wprowadzali różne wynaturzenia łowieckie, takie jak strzelanie z altan do przywożonej w klatkach zwierzyny, ograniczając polowanie do bezpiecznych popisów łowieckich. Strzałom często towarzyszyła muzyka. Takie strzelanie odbyło się w 1720 r. w Warszawie na Marymoncie dla siedmiuset zaproszonych gości z udziałem czterech tysięcy naganiaczy. Zwierzynę zwieziono w klatkach i wypuszczono w dniu polowania. Strzelano do niej z altan. Wynikiem polowania były cztery żubry, trzy niedźwiedzie, czterdzieści cztery jelenie, dwieście sarn i osiemdziesiąt odyńców. Podobne polowania urządzał August III w Białowieży, jedno z nich upamiętniono obeliskiem z napisem: „Dnia 27 septembra 1752. Król Polski Elektor Saski z Królową Jegomością y Królewiczem Ichmość Xawerem i Karolem, tu mieli polowanie żubrów i zabili 42 żubrów, to jest 11 wielkich, z których najważniejszy ważył 14 centnarów 53 funtów, 7 mniejszych, 18 żubrzyców, 6 młodych, 13 łosiów, 2 sarn... Suma 57 sztuk".

Wiadomo, że królowa, która własnoręcznie zabiła dwadzieścia żubrów, w przerwach czytała książkę.

August III nie lubił polowania, nie gardził jednak rozrywką, jak pisze Kitowicz: „nie bardzo przystojną: kazał przywłóczyć przed okna swego pałacu w miarę strzelania (na odległość strzału) ścierwy zdechłych koni dla zwabienia psów. Te strzelał z wiatrówki, a hycel płatny miesiącami ubite psy co dzień wieczorem wywłóczył z dziedzińca i zakładał nowe ścierwy, z gnatów ogryzionych wyczyszczając dziedziniec".

Obaj Sasi uprawiali jeszcze sokolnictwo, a August III nawet ptakami handlował. Jednak wśród szlachty sokoła zastępuje jastrząb gołębiarz.

Echa dawnych polowań przetrwały tylko na dworach magnackich, na kresach wschodnich. Polował tu jeszcze z sokołami i hetman Ksawery Branicki, i książę Karol Radziwiłł. Tu też, gdzie jeszcze niedźwiedź był zwierzyną pospolitą i gdzie brano go na oszczep, najdłużej urządzano łowy na grubego zwierza. Przeciętnemu szlachcicowi musiała wystarczyć zwierzyna drobna.

Z tego okresu, który nie pozostawił po sobie ksiąg, mamy kilka egzemplarzy ciekawej broni. W zbrojowni zamkowej na Wawelu znajdują się trzy oszczepy myśliwskie z początku XVIII w. Na szerokich grotach widnieją złocone herby saskie i inicjały Augusta II Mocnego, a krótkie drzewca oplecione są rzemieniami i nabijane metalowymi ćwiekami dla zapobieżenia ześlizgiwaniu się dłoni przy zadawaniu ciosu. Oszczepy używane były do polowań na niedźwiedzie i dziki.

Już zmierzchową bronią, chociaż jeszcze stosowaną, była wówczas kusza myśliwska. Piękny jej egzemplarz, datowany na 1725 r., przechowywany jest również na Wawelu. Kusza wykonana z drewna orzechowego, inkrustowana kością, zdobiona herbem Poniatowskich Ciołek ma stalowy łuk i wymiary 69 na 55 cm.

W Muzeum Wojska Polskiego w Warszawie można zobaczyć strzelbę myśliwską z zamkiem skałkowym wyrobu saskiego z przełomu XVII i XVIII w. Lufa strzelby jest nie gwintowana, muszka podłużna mosiężna. Na części dennej monogram Augusta II; splecione pod koroną litery AR. Przy warkoczu ozdoba w kształcie półksiężyca. Zamek skałkowy bogato ozdobiony ornamentem rytowanym w stylu późnego baroku. Tak samo zdobione są mosiężne okucia kolby i blacha zabezpieczająca kabłąk spustowy. Łoże z drewna orzechowego, lekko rzeźbione. Brak pobojczyka i okładziny łoża przy wylocie lufy.

Ze zbrojowni Aleksandra Lubomirskiego, generała majora wojsk koronnych, generała piechoty, generała kawalerii i generała artylerii, a również generała wojsk saskich, pochodzi saski myśliwski sztucer skałkowy z pierwszej połowy XVIII w. Później był własnością generała Jana Henryka Dąbrowskiego, następnie Towarzystwa Przyjaciół Nauk. Lufa kalibru 14 mm jest gwintowana, z siedmioma nacięciami, z celownikiem stojącym szczerbinkowym i wsuwaną mosiężną muszką. Kolba i łoże z drewna orzechowego, rzeźbione. Na szyjce kolby mosiężna plakietka z inicjałami pierwszego właściciela AL i jego herbem. Okucia kolby, blacha spustowa i tulejki do pobojczyka — mosiężne. Zakończenie łoża u wylotu oraz drewnianego pobojczyka — rogowe. Sztucer eksponowany jest w Muzeum Wojska Polskiego w Warszawie.

Dużo skromniejsza jest strzelba skałkowa, tzw. tulczynka, z Wielkopolskiego Muzeum Wojskowego. Lufa ze sztucznego damastu jest nabijana srebrem w motywy tureckie. Zamek skałkowy typu francuskiego, na blasze napis złotem B. Loikiewicz w Tulczynie. Okucia kolby rytowane w motywy zwierząt i ptaków.

Uzupełnieniem broni palnej są zawsze prochownice. Typową, wykonaną ze szlifowanego rogu bawołu, prezentują różne muzea, między innymi Muzeum Łowiectwa i Jeździectwa w Łazienkach i Muzeum Zamkowe w Malborku. Prochownica z Malborka wykonana została przez Mateusza Kawę w XVIII w. w Gdańsku. Róg o zabarwieniu czarnooliwkowożółtym. Boczne krawędzie płaskie, stopa z okuciem mosiężnym, na którym wyryto nazwisko rzemieślnika. Na bocznej ściance wybity znak warsztatu. Wylot rogu profilowany, zamykany umocowaną na łańcuszku zatyczką z niegładzonego parostka. Dwie opaski miedziane z uszkami na przewleczenie taśmy dodano zapewne później.

W połowie XVIII w., gdy do Polski dotarły prądy Oświecenia, przełomowe znaczenie dla nauk przyrodniczych i rolniczych miały dzieła Krzysztofa Kluka. W 1779 r. ksiądz Krzysztof Kluk wydaje podręcznik zoologii i botaniki w czterech tomach, z własnoręcznie wykonanymi rycinami pt. *Zwierząt domowych i dzikich osobliwie krajowych historii naturalnej początki i gospodarstwa, potrzebnych i pożytecznych chowanie, rozmnożenie, chorób leczenie, dzikich łowienie, oswojenie za życia, szkodliwych zaś wygubienie.* W dziele tym autor wiele miejsca poświęca łowiectwu.

Kluk nie był myśliwym, dlatego też niezbyt entuzjastycznie odnosił się do łowiectwa. Zwłaszcza polowania możnych wzbudzały w nim wiele zastrzeżeń. „Samo bowiem łowiectwo nie tylko nie czyni pożytku, lecz bardziej marnotrawstwo i gdyby chciano wniść w rachunek, pokazałoby się, że sztuka zwierzyny ledwie nie z podobną sztuką srebra — na równej leży wadze".

Dalsze części rozdziału poruszają następujące zagadnienia: O czasie polowania i tropach zwierząt, O broni zażywanej do ubicia zwierza, O psach do myślistwa zdatnych, O palach i sieciach, O ogrodach i dołach na łowienie zwierza, O cewąch, żelazach i innych prościejszych łowienia sposobach, O zwierzyńcach, O oswajaniu niektórych zwierząt dzikich, Gospodarstwo około główniejszych pożytków z zwierząt dzikich.

Dzieło Kluka napisne zostało z zachowaniem terminologii łowieckiej, a ponadto autor podaje literaturę, z której korzystał.

Prezentując ubogą literaturę łowiecką XVIII w. nie sposób pominąć *Pana Podstolego* Ignacego Krasickiego.

Pan Podstoli, typ idealnego ziemianina, w mowie i czynie widać biegłego gospodarza, prawego człowieka, dobrego obywatela. Po powrocie z porannego polowania siada z gośćmi przebywającymi w jego domu do śniadania i wiedzie dyskurs o łowiectwie. Zaraz na wstępie do rozmowy gospodarz zastrzega: „Zbytek we wszystkich rzeczach zły jest, nie będę więc ja obrońcą tych, którzy całe życie w lasach trwają; bierzmy więc polowanie w swoiej oszczędnej mierze, zażyte niekiedy dla rozrywki i zdrowia".

Jakie korzyści widziano w łowiectwie prawie dwieście lat temu? „Zysk polowania największy a pewny, zdrowie; rzadko myśliwy lekarstwo bierze, praca ustawiczna, wstrzemięźliwość, myśl na koniec wesoło zaprzątniona nie daje ani okazji, ani czasu do choroby. Uprzedza myśliwy wschód słońca, nie obciąża się więc snem zbytecznym, który pospolicie humorów w ciele ludzkim przyczynia i krew gęści, agitacja przysparza mu apetytu i łatwą sprawność sprawuje".

Pan Podstoli widzi też uroki polowania nie obce i dzisiejszym myśliwym: „... snują im się ustawicznie przed oczami coraz milsze widoki, dla nich zorze rumienią niebo, dla nich słońce wspaniale wschodzi, dla nich rosa ożywia ziółka, dla nich kwiaty wydają wonność, rozmaite odgłosy roznosi echo i gdy się po kniejach rozlegać zacznie żadna takowej harmonii muzyka nie zdoła".

Dopatruje się również pożytków wyższego rzędu — obywatelskich: „Młodzież się więc tym sposobem do kunsztu rycerskiego zaprawia, przywyka trudom, hartuje się na niewczasy, nabiera odwagi... Zgoła cokolwiek do wojennego rzemiosła służy, wszystko to w myślistwie znajdzie".

Pierwszy tom *Pana Podstolego* ukazał się w roku 1778, drugi w 1784, trzeci dopiero w 1803, chociaż autor napisał go w roku 1798. Jakże te parę w sumie lat dzielące trzy tomy książki znamienne były dla dziejów naszego kraju. Polska traci niepodległość. Wstrząs spowodowany tym tragicznym wydarzeniem odsuwa sprawy łowieckie na dalszy plan. Minęły czasy wielkich łowów. Król Stanisław August nie był myśliwym. W polowaniach brał udział tylko okazjonalnie. Jako pamiątka po nim, związana z łowiectwem, pozostała broń podarowana mu przez Katarzynę II eksponowana w Pałacu na Wodzie oraz piękna polichromia w Białym Domku również w Łazienkach.

2. Wiek XIX

W porównaniu z poprzednim długim okresem, wiek XIX pozostawił po sobie bardzo dużą liczbę książek, grafik i malarstwa o tematyce łowieckiej. Tak jak poprzednio należało tropić każdy drukowany ślad, tak teraz trzeba dokonać trudnego wyboru, aby zaprezentować najważniejsze pozycje książkowe i najważniejszych twórców, dodać im krasy za pomocą najcenniejszych dzieł sztuki.

W wieku XIX zmienia się podejście do polowań i zwierzyny. Coraz częściej podnosi się konieczność jej ochrony i racjonalnej hodowli. Wyrazem potrzeb myśliwych stał się *Sylwan*, dziennik nauk leśnych i myśliwskich, którego pierwszy tom ukazał się w 1820 r. w Warszawie w drukarni Natana Glücksberga, „Księgarza i Typografa Królewskiego Uniwersytetu". W nocie końcowej wydawca zawiadamia, że *Sylwan* „wychodzić będzie co kwartał po jednym numerze, najmniej ośm arkuszy w sobie zawierającym, a cztery takie numera składać będą jeden tom. Obejmować on będzie w następujących oddziałach bądź oryginalne, bądź w obcych językach tłumaczone rozprawy i pisma:

1. Nauka leśna w ogólności, to jest: rozbiór dzieł o leśnictwie, historia leśnictwa, systemata leśne, wiadomości o instytutach leśnych.
2. Nauki Przyrodnicze i Matematyczne.
3. Gospodarstwo i Administracja Lasów.
4. Myślistwo.
5. Statystyka Leśna, czyli opisanie leśnictw tak krajowych jako i zagranicznych.
6. Różne doniesienia tyczące się leśnictwa".

Już w pierwszym numerze rozpoczęto druk monografii łosia. Niestety artykuł był pisany anonimowo.

Sylwan przetrwał burze dziejowe, zmiany w nauce i jest wydawany do tej pory jako miesięcznik naukowy Polskiego Towarzystwa Leśnego.

Myśliwi zawsze byli przywiązani do swoich obyczajów i języka. Dlatego może aż trzystu dwudziestu ośmiu prenumeratorów wymienionych w tekście miały *Pierwsze Początki Terminologii Łowieckiej* Wiktora Kozłowskiego, wydane w Warszawie w 1822 r., podobnie jak *Sylwan* w drukarni N. Glücksberga. Autor, „Assesor Nadleśny Województwa Mazowieckiego", a także były kapitan 8 Pułku Piechoty Liniowej Wojska Polskiego, mówi w przedmowie, że celem opracowania było „jak tylko język naszych Przodków, dotąd przez biegłych Myśliwych w użyciu miany, nadal od zaginięcia zabezpieczyć...".

Poza częścią słownikową autor przedstawia jeszcze „Opisanie Łowów", z zastosowaniem tradycyjnego słownictwa:

„... Jeszcze cała natura spoczywała, jeszcze panowało powszechne milczenie, zorza poranna zaczęła dopiero objaśniać obłoki, obiecując dzień pogodny, a już hasło słyszeć się dało. Na ten odgłos luby uszom miłośników łowów, każdy z Myśliwych wzgardził słodkiemi snu ponęty i zaczął się wybierać na polowanie; a uzbroiwszy się w broń ognistą, opatrzywszy torby myśliwskie nie tylko prochem i szrótem, ale i żywnością, za danym znakiem zaczęli z doma wychodzić. — W tym dojeżdżacze i kotłowi sfory ogarów, drążki kundlów i smycze chartów z psiarni wyprowadzili. Któż tu opisać zdoła ową radość malującą się na twarzach myśliwych, ten zapał namiętny, który zajmował ochotnych towarzyszów ożywionych nadzieją szczęśliwego połowu, i te poprzednie ich zdolności i zręczności oświadczenia? Gwar ten ochotnego myślistwa przeplatany był rżeniem koni, wyciem i skomleniem psów. Za doniesieniem stanowniczych, którzy opatrywali szlak zwierza po tropowych drogach, w jakiej kniei stoi rogacz, wnet łowczy uciąć kazał pojezdnego i całe towarzystwo ruszyło do boru. Przez drogę dęto w rogi myśliwskie i pieśń następna śpiewaną była... Gdy cały orszak przybył do lasu, założono pole, myśliwych i strzelców po stanowiskach rozprowadzono i ogary z sfor pospuszczano; te na trop trafiwszy, wnet grać zaczynają, a ich głos ucieszny rozlega się w kniei i miesza się z potrębowaniem rogu myśliwskiego".

Tak wyglądał opowiedziany słowami myśliwego wyjazd na polowanie i jego początek.

Prekursorska rola i niezwykła wartość pracy Kozłowskiego polega nie tylko na zebraniu i opracowaniu poszczególnych wyrazów języka łowieckiego. Jej wartość to również zwrócenie uwagi myśliwych na konieczność posługiwania się tym językiem i zachowania go dla przyszłych pokoleń.

Autor *Pierwszych początków terminologii łowieckiej* nie przypuszczał chyba, na jaki podatny grunt trafi jego praca i ilu zyska kontynuatorów. Na jego dzieło powoływało się wielu późniejszych autorów i chociaż było jeszcze kilka opracowań słownictwa łowieckiego, drugi tej miary słownik ukazał się dopiero po II wojnie światowej.

W rok po pracy Kozłowskiego ukazał się w Wilnie, drukiem Józefa Zawadzkiego, tom I, a w 1825 r. — tom II *Nauki Łowiectwa we dwóch tomach przez Ignacego Bobiatyńskiego Kandydata Filozofii*, książka należąca do wielkich cymeliów, którą każdy myśliwy-bibliofil chciałby włączyć do swoich zbiorów.

Autor dedykował podręcznik księciu Adamowi Czartoryskiemu, ówczesnemu kuratorowi Uniwersytetu Wileńskiego, w którego kancelarii pracował. Kiedy książę Adam protestując przeciwko prześladowaniom Polaków złożył swój urząd, urzędnicy kuratorium poparli go i również podali się do dymisji. Jeden tylko Bobiatyński pozostał w służbie Rzeczywistego Tajnego Radcy Nowosilcowa, sekundując mu w gnębieniu Polaków, za co odznaczony został w 1829 r. Orderem św. Stanisława. Po powstaniu listopadowym przeniósł się do Warszawy, gdzie współpracował z Paskiewiczem. Koniec życia miał żałosny. Zmarł w 1859 r. w warszawskim szpitalu dla obłąkanych (Jana Bożego).

Chociaż wiele można zarzucić Bobiatyńskiemu jako Polakowi, *Nauka Łowiectwa* jest dziełem wartościowym. W pracy korzystał ze słownika W. Kozłowskiego. Na wstępie autor, powołując się na historię i przykłady z zagranicy, podkreśla konieczność ochrony zwierzyny i konieczność zachowania reguł polowania. Zwraca też uwagę na zalety łowiectwa jako treningu wyrabiającego odporność fizyczną, tak konieczną podczas częstych wojen. Zwraca uwagę na konieczność utrzymywania łowczego, bo: „Któżby z właścicieli, mających znaczne obszary lasu, rozległe grunta i szczerą ochotę polowania, nie życzył sobie widzieć lasów swoich w dobrym stanie, a z polowania mieć dostatkiem zwierzyny? Bez wątpienia tego wszyscy pragną, a przeto i tej części Ekonomiki lekce ważyć zapewne nie będą, widząc wyraźnie, że i ona mieści w sobie niepoślednie źródła dochodu, po większej części zaniedbanego". Łowczemu stawia się duże wymagania, „... aby młody człowiek przyjmujący obowiązek łowczego, umiał czytać i pisać, powinien on przynaymniej skończyć klasę czwartą lub piątą, łączyć znajomość Historji naturalnej kraiowej ze znajomością Botaniki stosowanej do leśnictwa. Jego też obowiązek poznać las, a w nim miejsca i zwierzęta; pory polowania na nie i dalsze okoliczności z tym przedmiotem związek mające". I dalej: „Do tej nauki łączyć powinien umieiętność jeżdżenia na koniu, dobrego strzelania, trębienia, urządzania obław, tudzież znaiomość kalectwa koni i chorób psów. To wszystko w młodości tylko przez wprawę nabywać się zwykło".

W części szczegółowej główne miejsce poświęcono psom, ich podziałowi pod kątem wykorzystania. „Myśliwi, od czasu doskonalenia sztuki łowieckiej, oswoili i ułożyli na wszelkie polowanie zwierząt szkodliwych i pokarm przynoszących, oddzielny rodzaj psów, od dawna nam znajomych, jakimi są:
Tropowe psy, śledzące zwierząt po tropie.
Farbotropy (Schweishunde) podstrzelonego tylko dochodzące zwierza.
Kundle, do szczwania czarnej zwierzyny.
Gończe psy głosem goniący zwierzynę na strzelca.
Brytany do szczwania grubej zwierzyny.
Charty do szczwania lisów, zajęcy itd.
Jamniki, czyli taksy do polowania zwierząt w tajnikach podziemnych kryjących się.
Wyżły, czyli legawe psy, i pudle do polowania ptastwa błotniastego i dalszego".

Wszystkie rodzaje psów są omówione dokładnie, z zaletami i wadami oraz sposobami układania i hodowli. Podobnie dokładnie zajmuje się autor chorobami psów i ich leczeniem.

Z mniejszą dokładnością omówione zostały konie. Wiele natomiast miejsca zajmują opisy sieci używanych w łowiectwie, a różniły się one w zależności od zwierzyny, na którą polowano i sposobów polowania.

Ponieważ prochownice były niejednokrotnie dziełami sztuki rzemieślniczej, warto przytoczyć ich opis: „O rożkach prochowych, czyli prochownicach. Prochownice bywają rogowe albo metalowe. Pierwsze z dwóch części rogowych złożone, tylko po brzegach metalem umocowane, przyjmują wilgoć z powietrza spływającą na powierzchnię roga, przez spojenie aż do środka. Proch, jakeśmy widzieli na swoim miejscu, chciwy jest wilgoci, i gdy ją przyciąga, traci swoje zalety. Dlatego proch w czasie wilgotnym ma się utrzymywać w torbie. Otwór prochownicy z pociśnieniem sprężynki zatyka się przyjmując tyle prochu, ile nabój wymaga. Metalowe rożki są trwalsze i wygodniejsze od rogowych: te niekiedy bywają pokryte skórą jaszczurki, kolorem czarnym lub zielonym pofarbowaną. Proch w takich prochownicach utrzymywany zwilgotnieniu nie podlega, jak pospolicie w rogowej; tem więcej, gdy szyja otworu służąca za miarę, w schyleniu pod kątem prostym jest szczelna. Prochownice całkiem metalowe, robią się z blach miedzianej i nie mającej żadnego połysku. Dla ich ozdoby wycięte są rozmaite wizerunki łowieckie. Jedna i druga w czasie użycia do pola zawiesza się na ramieniu lewem za pomocą paska albo sznurka".

Tom drugi poświęcony jest ogólnym zasadom polowania. Opisane zostały wszystkie rodzaje zwierzyny i ptactwa oraz sposoby polowania na nie, nie tylko w kraju i współcześnie, lecz również w przeszłości i za granicą. Były to czasy, gdy polowanie dzielono jeszcze na łowiectwo wielkie, czyli wyższe, czasami zwane głośnym, odbywające się na „grube zwierzęta, jakimi są: łosie, jelenie, sarny, dziki, niedźwiedzie i wilki za pomocą obławników, strzelców, psów gończych i sieci... Łowiectwo wielkie, jak wymaga znacznych kosztów, tak dla majętnych tylko osób w utrzymywaniu ludzi i wielorakiego gatunku psów, sieci i innych wszelkich łowieckich narzędzi, może być właściwe; a szczególniej ci, co mają rozległe grunta i lasy, a w nich pod dostatkiem rozmaitego zwierza, obowiązani są co rok wielkie zakładać łowy, nie tylko dla zwierzyny, lecz dla rozrywki i zdrowia, a szczególnie dla wytępienia szkodliwych wilków".

Utrzymywanie „łowiectwa wielkiego" mimo bardzo dużych kosztów było punktem honoru szlachcica.

„Łowiectwo mniejsze" wymagało mniej nakładów: „Kiedy komu możność nie dozwala trzymać sfory gończych, a tem więcej smyczy chartów, tedy przestać można na fuzji pojedynczej lub dubeltowej, torbie, polwersaku i rożku prochowem; przytem siatka na przepiórki i kilka rozjazdów do kuropatw, oraz wyżeł dobry nieodstępnym towarzyszem ma być dla myśliwca".

Zatrzymaliśmy się nieco dłużej przy nauce łowiectwa, lecz należy pamiętać, że jest to jeden ze słupów milowych w rozwoju polskiej literatury łowieckiej. Jeszcze nie ma w nim dokładnych wskazówek hodowlanych, hodowla to jedynie regulacja pogłowia drapieżników, już jednak zwraca się uwagę na zachowanie czasów ochronnych, już podaje się dość dokładne opisy zwierzyny, charakteryzujące się dużą znajomością jej życia i obyczaju.

Prezentując literaturę polską, w której występują wątki łowieckie nie sposób pominąć *Pana Tadeusza* Adama Mickiewicza, napisanego w Paryżu w latach 1832 - 34. Opisy przyrody, polowań z chartami czy na niedźwiedzie, a nawet ciągły spór Rejenta z Asesorem o Kusego i Sokoła nie mają sobie równych i przenoszą w piękny świat, który wprawdzie przeminął na zawsze, ale o którym nie wolno zapomnieć.

„Kto z nas tych lat nie pomni, gdy, młode pacholę,
Ze strzelbą na ramieniu świszcząc szedł na pole,
Gdzie żaden wał, płot żaden nogi nie utrudza,
Gdzie przestępując miedzę, nie poznasz, że cudza!
Bo na Litwie myśliwiec jak okręt na morzu,
Gdzie chcesz, jaką chcesz drogą, buja po przestworzu!
Czyli jak prorok patrzy w niebo, gdzie w obłoku
Wiele jest znaków widnych strzeleckiemu oku,
Czy jak czarownik gada z ziemią, która, głucha
Dla mieszczan, mnóstwem głosów szepce mu do ucha.
Tam derkacz wrzasnął z łąki, szukać go daremnie,
Bo on szybuje w trawie jak szczupak w Niemnie;
Tam ozwał się nad głową ranny wiosenny dzwonek
Również głęboko w niebie schowany skowronek,
Owdzie orzeł szerokim skrzydłem przez obszary
Zaszumiał, strasząc wróble, jak kometa cary;
Zaś jastrząb, pod jasnymi wiszący błękity,
Trzepie skrzydłami jak motyl na szpilce przybity,
Aż ujrzawszy wśród łąki ptaka bądź zająca,
Runie nań z góry jako gwiazda spadająca".

Który z myśliwych nie zna takiego poranka i któremu widok taki nie przyspiesza bicia serca? A który nie słyszał grania, może już nie ogarów, ale psów będących na tropie?

„Cicho — próżno myśliwi natężają ucha;
Próżno, jak najciekawszej mowy, każdy słucha

Milczenia, długo w miejscu nieruchomy czeka;
Tylko muzyka puszczy gra do nich z daleka.
Psy nurkują po puszczy jak pod morzem nurki,
A strzelcy, obróciwszy do lasa dwururki,
Patrzą Wojskiego: ukląkł, ziemię uchem pyta;
Jako w twarzy lekarza wzrok przyjaciół czyta
Wyrok życia lub zgonu miłej im osoby,
Tak strzelcy, ufni w sztuki Wojskiego sposoby,
Topili w nim spojrzenia nadziei i trwogi.
„Jest! Jest!" — wyrzekł półgłosem, zerwał się na nogi.
On słyszał! Oni jeszcze słuchali — nareszcie
Słyszą: jeden pies wrzasnął, potem dwa, dwadzieści.
Wszystkie razem ogary rozpierzchnioną zgrają
Doławiają się, wrzeszczą, spadli na trop, grają,
Ujadają: już nie jest to powolne granie
Psów goniących zająca, lisa albo łanie,
Lecz wciąż wrzask krótki, częsty, ucinany, zjadły;
To nie na ślad daleki ogary napadły,
Na oko gonią — nagle ustał krzyk pogoni,
Doszli zwierza; wrzask znowu, skowyt, zwierz się broni.
I zapewne kaleczy; śród ogarów grania
Słychać coraz to częściej jęk psiego konania".

Gdy niedźwiedź padł:

„Natenczas Wojski chwycił na taśmie przypięty
Swój róg bawoli, długi, centkowany, kręty
Jak wąż boa, oburącz do ust go przycisnął,
Wzdął policzki, jak banię, w oczach krwią zabłysnął,
Zasunął wpół powieki, wciągnął w głąb pół brzucha
I do płuc wysłał z niego cały zapas ducha
I zagrał."

Nieco wcześniejszy (1826) jak wiersz Aleksandra Fredry zatytułowany „Dawne polowanie". O wierszu tym wspominał Wincenty Pol w *Roku Myśliwca*. Nie był on nigdzie publikowany, a do naszych czasów dotrwał w odpisie wykonanym przez wnuczkę poety. Wiersz ten z pięknymi ilustracjami Antoniego Uniechowskiego został zamieszczony w „Łowcu Polskim" w roku 1954.

Ponieważ jest to wiersz bardzo mało znany, zacytujemy go w obszernym fragmencie:

„Niech piżmem zaprawiony szambelan za drzwiami
Cieszy się zmienną łaską, karmi nadziejami,
Przykuty do szkatuły liczy grosz bogaty
Z procentu lichwiarskiego, niech waży dukaty,
Niech się stroją modnisie, kłócą nowiniarze,
Niech krytyk zezem patrząc zawsze na wspak maże,
Niech naśladowców w Polsce zagorzała reszta
Małpując obce głupstwa gniewa i rozśmiesza.
My, Kazimierzu, na złe zapomniawszy losy
Wyglądajmy ponówki lub jesiennej rosy.
Nim do nas zawitały fryzowane głowy,
Ochoczo młodzież polska spieszyła na łowy;
Tamto się nauczyła, jak dosiadać konia,
Którego na arkanie przywieziono z błonia,
Tam się wprawiała celnie ze sztućca uderzyć.
Trwożnem okiem przed sobą przepaści nie mierzyć.
Tam znosić niewygody, do pracy się wciągać,
Nie bać się deszczów, mrozów i z trudów urągać;
Taka do broni, konia, do niewczasów wprawna
Pogromem nieprzyjaciół była kiedyś sławna.
My, lubo nad dalekie karpackie niedźwiedzie,
Lubo z groźnym odyńcem sporu się nie wiedzie,
Polujemy, w polowaniach szukając zabawy.
Kiedy więc piękny ranek, wiatr milczy w drzewinach,
Wzgórki już czyste, mgła jeszcze w dolinach,
Dalej w pole, dalej w bory!
Bierzcie smycze, bierzcie sfory!"

W 1839 r., nakładem Rubena Rafałowicza, księgarza wileńskiego, wydany został *Poradnik dla myśliwych* Jana Sztylera, z portretem autora i figurami, tzn. rysunkami.

Książka podzielona jest na dwa tomy i sześć części. Ponadto zawiera trzy wiersze: *Ochota myśliwska* po wstępie, *Pieśni myśliwska* w części II, poświęconej polowaniu na grubą zwierzynę, oraz w zakończeniu *Piosenkę po łowach*. Autor daje zalecenia dotyczące nauki strzelania, koni i psów myśliwskich, układania sokołów, jak też polowania na wszelką dostępną zwierzynę.

Interesująca jest część V, w której się „wykłada teorja wyszukiwania trufli i układania do tego psów".

„W trufli kuchnia znajduje przyjemną zaprawę do różnych potraw, myśliwi trufliści i amatorowie prawdziwą rozrywkę".(...)„Trufla znajduje się w ziemi, i pudel lub wyżeł tylko węchem ją odkrywa, i wskazuje myśliwym". Rozróżniano trufle czarne i popielate. „Trufle czarne, są w większej cenie, szukać ich należy po lasach dębowych, po przygorkach, gdzie trwa gładka, ponad łąkami, ponad rzekami, po wyspach, na miejscach, które wylew mułem zanosi. Popielate zaś gdzie brzozownik, leszczyna, ziemia glijowata". Trufle zbierano od lipca do połowy września. Układanie wyżłów i pudli do szukania trufli było proste. Psy dostawały do jedzenia słoninę posypaną tartą truflą. Później taką słoninę zakopywało się w ziemi i dawało rozkaz: szukaj trufli. Następnie kazało się im aportować odnaleziony kąsek. Gdy już pies pojął, o co chodzi, mógł być brany na polowanie.

Autor musiał być nie lada smakoszem, gdyż jego dziełami są: *Kucharz doskonały* i *Kuchnia myśliwska*, na którą ciągle „polują" myśliwi-bibliofile.

W *Piosence po łowach* z *Poradnika dla myśliwych* czytamy:

„Otóż łowy się skończyły,
Bracia! w jednym gronie
Niech każdy pokrzepi siły,
Trunkiem skrasi skronie.
Niech trąby zawarczą głośno!
Pieski! do gromady!
Zewsząd okrzyki radośne
Myśliwskiej biesiady!
Tu się toczy miodek stary,
Tam naliwki zdrowe.
Każdy duszkiem spełnia czary,
Zwierząt pogrzebowe!...".

Po *Poradniku dla myśliwych* Szytlera pojawia się ciekawostka bibliofilska. Dwa druki: pierwszy — *Myślistwo krajowe* Wilhelma Mylke, wydane w Warszawie, w drukarni Juliana Kaczanowskiego w 1843 r. i drugi — *Nowy poradnik dla myśliwych na wytępienie różnych zwierząt drapieżnych* S. Kamińskiego, wydany w Warszawie, w drukarni J. Kaczanowskiego w 1847 r. Książki różnią się stronami tytułowymi; a także pierwsza zawiera dodatkowo spis prenumeratorów, druga natomiast nie ma przedmowy. Ponadto pierwsza opatrzona jest podpisem autora pod zdaniem na odwrocie strony tytułowej: „Egzemplarze nie opatrzone moim własnoręcznym podpisem prawnie poszukiwać będę". Widocznie jednak książka zbyt długo zalegała półki księgarskie i po raz drugi została wprowadzona do handlu pod zmienionym nazwiskiem autora i tytułem.

W przedmowie W. Mylke prezentuje treść swojej książki „... w krótkości mieszcząc w sobie wszystko to, co każdy lubownik polowania nieodzownie znać powinien, poniekąd za systematyczną naukę, krajowego myślistwa, posłużyć będzie w stanie...".

Autor przytacza w rozdziale trzecim słowniczek myśliwski, lecz jest on tylko powtórzony za W. Kozłowskim. Zresztą z *Pierwszych początków terminologii łowieckiej* wzięty jest również przerywnik kończący rozdział drugi, a przedstawiający puchacza. Podręcznik jest nowocześniejszy niż poprzednie, świadczą o tym wskazówki hodowlane związane z przestrzeganiem czasów ochronnych i dokarmianiem zwierzyny, zawarte w ostatnim, XI rozdziale pt. „Kalendarz Myśliwski".

Śledząc motywy łowieckie w literaturze nie sposób pominąć rzeczy drobnych, lecz miłych sercu myśliwego. W latach 1796 - - 1844 żył Bruno Kiciński, poeta, tłumacz, dziennikarz, publicysta. Był to jeden z najenergicznieszych wydawców warszawskich. W dobie przed powstaniem listopadowym wydawał czasopisma budzące ducha patriotycznego. Czasopisma te, ze względu na carską cenzurę, miały na ogół krótki żywot. Autor wziął udział w powstaniu listopadowym jako szeregowiec. W 1840 r. w Warszawie ukazały się jego nakładem *Poezje Brunona hrabi Kicińskiego, częścią przekładane, częścią oryginalne w XII tomach*, z których tom II zawiera „Poezyje Myśliwskie". Nie są to poezje wysokiego lotu, ale autor biegle posługiwał się terminologią łowiecką, której wyjaśnienie podał na końcu tomu. Zacytujmy fragment z wiersza *Czarne pole, czyli polownie na dziki i wilki:*

Już na koniach strzelcy siedzą
Już zwołane są brytany,
Już ogary tropów śledzą
Więc do kniei spieszmy znanej,
Dobrze o tem strzelce wiedzą,
Gdzie ma leże zwierz schowany,
Oto buchta pod dąbrową,
Dzik ją gwizdem zrył na nowo.
Gdzieś się ukrył w gęstwie liści,

Z nim maciora i warchlaki,
Bo widzeli koloniści,
Jak im wczoraj zrył ziemniaki.
Dzień dzisiejszy bór oczyści,
Za poślednim idźmy w krzaki,
Przez bezdroża, przez manowce
Z leż wykorzyć te gniazdowce.

Najbardziej znanym i najczęściej cytowanym przy omawianiu terminologii łowieckiej czy literatury łowieckiej wierszem Kicińskiego jest *Wiersz terminologiczny*. Kiciński był bowiem jednym z tych myśliwych, którzy walcząc o prawidłowe używanie przez myśliwych języka łowieckiego chciał go uchronić jako zabytek kultury dla przyszłych pokoleń.

Warto może i tutaj zacytować chociaż niewielkie fragmenty tego wiersza:

„Będziem mieli dzień wesoły,
Młody panicz skończył szkoły,
Chce na łowy iść,
Ale jeszcze fryc,
Pewnie nie zna nic,
Może nawet nie wie tyle,
Czyli rogacz ma badyle,
Czyli lis ma liść...
Spytać go: „Między zwierzęty,
Jaki to zwierz bywa cięty?
Czem kot umie strzydz?
Gdzie ma kądziel żubr?
Gdzie ma kielnię bóbr?
  Legawcowi co po kufie?
  Gdzie kto dojrzał oka w lufie?
  U rogacza świec.
Gdzie zwierzęta mają pióra?
Jakie lampy u łupura?
  Niechby wreszcie zgadł,
  Gdzie ma szablę dzik?
  Gdzie ma wiechę byk?
  ...Nie tak dziś, jak było dawno,
  Łowców mowa jest już jawną,
  A z niej widać, jak przed laty,
  Że nasz język jest bogaty".

Dość jednak wierszyków, bo oto na łowieckim rynku księgarskim pojawia się nowe dzieło. Jako XX tom wspomnianego już wcześniej *Sylwana* w roku 1844 publikuje Mikołaj Reuman — urzędnik do specjalnych poruczeń Komisji Rządowej Przychodów i Skarbu, *Gospodarstwo łowieckie z historią łowiectwa polskiego*.

Pierwsze rozdziały dają rys historyczny łowiectwa, a potem wskazówki hodowlane, między innymi „O przyrodzie, hodowaniu i ochronie zwierzyny", „O przyrodzie, hodowaniu i ochronie łosia", „Powody tak prędkiego wytępienia łosia w naszym kraju", „O utrzymaniu i pomnożeniu łosi w lesie, w którym się jeszcze znajdują" itd. Potem następują rozdziały dotyczące polowania, a w części VII przedstawione są zasady prawodawstwa łowieckiego.

Już we wstępie autor zwraca uwagę na zły stan zwierzyny: „Rozległe lasy iglaste i liściaste naszego kraju, w położeniu zgórzystym i równym na przemian łąkami ubarwione, orzeźwione rzekami i strumieniami, napełnione być winny różnym gatunkiem zwierząt łownych. Tymczasem myśliwy podobnie sądzący, boleśnie zawiedzionym zostanie; bo niełatwo gdzie znajdzie knieję obfitą w drobną zwierzynę, zwierz zaś gruby prawie wszędzie wyniszczony, a niedostatek pod tym względem nader jest dotykalny, i szacunkowo w żadnym kraju ościennym nie okazuje się większy jak u nas. ... Nasi myśliwi w ogólności nie dbają o rozmnożenie i hodowanie zwierzyny, owszem cała ich dążność jest zaspokoić swą namiętność myśliwską, na tem zasadzający się: żeby coraz największą liczbę zwierzyny upolować, bez względu, chociażby ostatni wyginął zaród. ... Wykształcenie strzelca naszego jedynie na tem zależy, aby umiał nabijać strzelbę i celnie strzelać. Nasi myśliwi znają zasady strzeleckie, umieją więc ubijać zwierzynę, ale ani hodować jej nie potrafią, ani oznaczyć stosunku, w jakiej liczbie ona utrzymana być powinna, i w jakiej tylko ilości corocznie ubijaną być może". By doprowadzić zwierzostan do „wysokiego stopnia doskonałości", należy spełnić cztery warunki:

„a. potrzebna ochrona
b. wyniszczenie zwierząt drapieżnych
c. zaprowadzenie miejsc ochronnych, a w otwartych polach zakładanie remiz
d. dozór i przestrzeganie zasad policyjno-łowieckich".

Książka musiała być właściwie oceniona przez współczesnych, gdyż już rok później pojawia się jej drugie wydanie, niezależne od *Sylwana*.

Myśliwi z zaboru pruskiego wydają w 1848 r. nakładem i drukiem Ernesta Gunthera (Leszno i Gniezno) *Przewodnik Myśliwca*, ułożony przez L.S. Pod tym monogramem, według Estreichera, kryje się Lucjan Siemieński, poeta należący do tzw. drugiego pokolenia galicyjskich poetów romantycznych. Uczestnik powstania listopadowego, musiał emigrować i za namową Tytusa hr. Działyńskiego przeniósł się do Wielkopolski.

W tym okresie do Wielkopolski, korzystając z większych niż w pozostałych zaborach swobód obywatelskich, zjeżdżają z całej Polski pisarze, aby tu publikować swoje prace. W poznańskich oficynach drukują Kolberg i Pol. Tu w 1840 r. wydał Ryszard Berwiński opowieść słowiańską *Bogunka na Gople*, osnutą na wątkach myśliwskich, wykazując dużą znajomość języka łowieckiego, którego, jak sam pisze, nauczył się od starych myśliwych i po części ze starych książek. W tym środowisku powstał *Przewodnik Myśliwca* wydany już po przymusowym opuszczeniu Wielkopolski przez Siemieńskiego.

Przewodnik zawiera część historyczną i tu autor podkreśla różnicę między dawnymi a nowymi łowy. Nie ma już wielkich puszcz, które wymagałyby otaczania ich siecią, rozdrobniona własność ziemska nie potrzebuje licznej służby łowieckiej, a strzelba i dobrze ułożony legawiec dają myśliwemu wystarczającą satysfakcję myśliwską. Później autor omawia broń myśliwską, hodowlę psa i polowania na poszczególne rodzaje drobnej zwierzyny, szczególnie ptactwa. Jest to podręcznik dla drobnego posiadacza ziemskiego, który poluje na własnych, niewielkich polach i łąkach.

Na przełomie wieku pojawiło się nowe pióro — Kazimierz hr. Wodzicki (1816 - 1889). Znakomity ornitolog, członek wielu towarzystw naukowych, namiętnie uprawiał łowiectwo. Był współzałożycielem jednego z trzech pierwszych stowarzyszeń łowieckich, Towarzystwa Lisowickiego, które powstało w 1871 r., a także organizacji ściśle ideowej, jaką było Galicyjskie Towarzystwo Łowieckie (1876 r.). Tu należy dodać, że Towarzystwo Lisowickie wydało drukiem w niewielkim nakładzie (do 250 egzemplarzy) trzy tomy kronik, spisywanych przez aktualnego sekretarza bezpośrednio po polowaniu. Tom I obejmował lata

1870 - 1895, tom II — 1895 - 1907, tom III — 1907 - 1921. Druk tomu IV przerwała wojna. Autor zasilał swoimi artykułami *Łowca*, który zaczął ukazywać się od 1878 r. jako organ Galicyjskiego Towarzystwa Łowieckiego. Pierwsze jego dzieło myśliwskie to: *O sokolnictwie i ptakach myśliwskich*, drukowane w 1858 r. w Warszawie. Istnieją dwie wersje tej książki. Jedna z jedenastoma ręcznie kolorowanymi akwafortami ptaków drapieżnych, wykonanymi według rysunków z natury przez Franciszka Naumana, druga nie zawiera tych ilustracji. Kazimierz Wodzicki był niezrównanym gawędziarzem. Dlatego książka, chociaż ma charakter historyczno-ornitologiczny, jest przeplatana licznymi anegdotami oraz wspomnieniami z życia autora. Ze względu na swą wartość i piękne wydanie już w okresie międzywojennym była wielką rzadkością na rynku bibliofilskim.

Najrzadszą spośród prac Wodzickiego jest pierwsze wydanie *Wspomnienia z życia łowieckiego* z 1880 r. Opisane tam są polowania autora na niedźwiedzie, dziki i wilki. Książka miała jeszcze drugie wydanie w 1928 r. Wodzicki napisał również cykl monografii ornitologicznych, z których dwie poświęcone są ptakom łownym lub drapieżnym: *Kuropatwa* i *Orły polskie*. *Pan Michał* — wspomnienia myśliwskie, była ostatnią pracą autora w wydaniu książkowym (1889 r.).

Ciekawostką wydawniczą jest też podręcznik z 1860 r. *Łowiectwo* napisany przez Wojciecha Jastrzębowskiego, botanika, leśnika, meteorologa, uczestnika powstania listopadowego i profesora Instytutu Agronomicznego w Marymoncie. Książka adresowana była do określonego odbiorcy — studiujących w Instytucie. Drukowana była techniką litograficzną.

Następna pozycja wydawnicza to *Łowiectwo* Aleksandra Połujańskiego. Ukazała się w Warszawie w 1862 r. nakładem Aleksandra Lewińskiego. Jest dziewiątą częścią większej pracy zatytułowanej *Leśnictwo Polski*. Książkę najlepiej charakteryzuje sam autor: „Przez łowiectwo, czyli gospodarstwo łowieckie, rozumiemy naukę podającą sposoby hodowania, rozmnażania i ochrony zwierząt i ptaków dzikich pożytecznych, a wytępienie szkodliwych, jak również użytkowania ze wszystkich". A więc już w pełni świadoma konieczność zachowania warunków, czasów ochronnych właściwych dla określonej zwierzyny, sprzyjających jej zachowaniu.

Większa część podręcznika poświęcona jest hodowli zwierzyny z omówieniem poszczególnych gatunków. Większość wskazówek jest aktualna do dzisiaj. Podobnie poprawnie przedstawiono życie zwierzyny i ptactwa, oparte na wnikliwej obserwacji i wiedzy. W drugiej części podano różne sposoby polowania, włącznie z sokolnictwem. Interesujące jest, że sokolnictwu, zanikłej już formie polowania, poświęcano jeszcze ciągle sporo miejsca. Może autorzy liczyli na reaktywowanie tych łowów. Jako ciekawostkę można wymienić układanie wydry do łowienia ryb, a także aportowania ptactwa wodnego.

Myślistwo w Polsce i Litwie ułożone przez Waleriana Kurowskiego, to kolejny poradnik dla myśliwych, wydany w Poznaniu w 1865 r. We wstępie autor podkreśla, śladem Górnickiego czy Kochanowskiego, znaczenie polowań dla naszych przodków jako zaprawy wojennej, gdy dzisiaj „dziarskie uderzanie na rozjuszonego niedźwiedzia, rozognionego żubra, rozdziczałego odyńca zmieniło się na polowanie, czyli szukanie po polu rozpierzchłych kuropatw lub ukrytego w kotlinie zająca". Aby jednak tego zająca znaleźć, trzeba go umieć wyhodować i utrzymać. Do tego niezbędna jest myśliwemu pewna wiedza, którą Kurowski stara się przekazać czytelnikowi. Po krótkim rysie historycznym łowiectwa podaje kalendarz myśliwski, z omówieniem na co i w którym miesiącu można polować, a kiedy powinno się od polowania powstrzymać. Później następują opisy poszczególnych gatunków zwierzyny i ptactwa łownego z uwagami, jak się powinno na nie polować, oraz wskazówki dotyczące hodowli i wykorzystania psów, użycia broni, sieci i zakładania zwierzyńców.

Książka zawiera również takie „cenne" rady, jak np.: „Pod względem zdrowotnym myśliwi przypisują sarnie następujące właściwości: maść zrobiona z jej żółci, z miodu i z mąki z łubinu, ma być niezawodnym środkiem na wszystkie plamy na twarzy, piegi lub inne znaki wątrobiane. Myjąc się zaś z żółcią pomieszaną z wodą, spędza opaleniznę i nadaje twarzy biały kolor; też sama pomięszana z wodą i miodem i użyta na oczy wzmacnia wzrok nadzwyczajnie".

Książkę pisał na pewno dobry myśliwy, mający dużo wiadomości, często zasłyszanych od innych, lecz po Reumanie, Wodzickim, Połujańskim jest to „krok wstecz".

Poznań jest miejscem wydania *Roku myśliwca* Wincentego Pola (1807 - 1872). Książka ukazała się w 1870 r. nakładem J.K.

Żupańskiego, z ilustracjami Juliusza Kossaka. Pol, syn spolonizowanego urzędnika austriackiego, uczestnik powstania listopadowego, był gorącym patriotą i wielbicielem tradycji sarmackich. Napisał wiele utworów patriotycznych. Polował też przy każdej okazji. Na tle wspomnień z polowań z Ksawerym Krasickim w lasach bieszczadzkich powstał *Rok myśliwca*, w którym pisze: Jednym z odcieni życia naszego wiejskiego jest myślistwo..., stąd też łączą się z życiem myśliwego tradycje, zwyczaje i obyczaje narodu... Przechowanie tych zwyczajów jest zadaniem Roku myśliwca". Sam utwór to jakby kalendarz łowiecki, w którym każdy miesiąc, ozdobiony drzeworytem według rysunku J. Kossaka, poprzedzony „Zegarem niebieskim", tj. wierszowanym opisem wyglądu nieba, przedstawia „Głosy, widoki natury i polowanie".

Posłuchajmy słów autora (styczeń): „Całunem śniegu pokryta odległa ziemia w śnie twardym. Tylko wrone ptactwo kracze w powietrzu, tylko tropem zdradza się zwierz. Noc długa, a o żer niełatwo; dzień zdradza, bo na śniegu wszystko już widne z daleka, więc co lotne i bezpieczne zbliża się do mieszkań ludzkich we dnie, a zwierz szoruje długimi nocami po śniegu, tropi słabszego lub rozgrzewa się biegiem na mrozie". A w marcu: „Kto ma bystre oko i słuch dobry, dla tego przynosi każda chwila dnia i nocy ostatnich dni marca nowe życie". Pol miał na pewno „bystre oko i słuch dobry", ponieważ cały utwór oprócz znajomości przyrody pełen jest miłości i do niej i do łowiectwa. Pol jest również autorem poematu *Pan Starosta Kiślacki — tradycja myśliwska*, który ukazał się drukiem w 1873 r. w Poznaniu.

W krzewieniu kultury i tradycji łowieckich ważna rola przypadła również czasopismom łowieckim. Pierwsze z nich to „Łowiec", który jako organ Galicyjskiego Towarzystwa Łowieckiego zaczął wychodzić od roku 1878. Drukowano go we Lwowie pod redakcją Józefa Kosińskiego.

Pod sprawami organizacyjnymi, poruszał wszelkie sprawy interesujące myśliwego z zakresu hodowli zwierzyny i polowań. Zamieszczał również wspomnienia myśliwych. Redakcja tego pierwszego numeru zapewniła sobie współpracę autorów tej miary, jak Artur Bartels, Władysław Spausta, Leopold Starzeński, Aleksander Ubysz, Kazimierz Wodzicki. Drukowano prace dawniejsze, np. Jana Chryzostoma Paska. Dzięki temu czasopismo szybko zyskuje rozgłos nie tylko wśród myśliwych. Od roku 1897 „Łowiec" ukazuje się w nowej szacie graficznej. Z chwilą wybuchu I wojny światowej zawieszono działalność Galicyjskiego Towarzystwa Łowieckiego, a tym samym wydawanie „Łowca". Wkrótce udzielono jednak zgody na dalszy druk, pod warunkiem, że będzie to czasopismo prywatne. Odtąd, przez cztery wojenne lata, wydawcą, a zarazem redaktorem był Seweryn Krogulski. Przerwa w ukazywaniu się „Łowca" nastąpiła w latach 1918 - 1920. Później przybywają nowe pióra: Julian Ejsmond, ornitolog Janusz Domaniewski, Witołd Ziembicki — profesor medycyny, a zarazem historyk i bibliograf łowiectwa. Pod jego redakcją ukazuje się „Łowiec" do 1939 r.

Inaczej przedstawiała się sytuacja wydawnicza w zaborze rosyjskim. Tu długo władze nie chciały się zgodzić na powstanie organizacji łowieckiej. Sprawę rozwiązano w ten sposób, że w 1889 r. wyrażono zgodę na założenie Oddziału Warszawskiego Cesarskiego Towarzystwa Rozmnażania Łownej Zwierzyny i Pożytecznych do Polowania Zwierząt oraz Prawidłowego Myślistwa. Później powstają następne filie; w 1908 r. na terenie dziesięciu guberni Królestwa Polskiego działało już osiemnaście urzędowo zatwierdzonych towarzystw myśliwskich i kilka prywatnych. 20 marca 1899 r. na terenie zaboru rosyjskiego ukazał się pierwszy numer „Łowca Polskiego".

Do 1914 r. „Łowiec Polski" nie był związany organizacyjnie z żadnym z działających towarzystw myśliwskich. Jego redaktorem i wydawcą był do wybuchu I wojny światowej Jan Sztolcman (1854 - 1928), znany przyrodnik, podróżnik i czołowy organizator nowoczesnego łowiectwa polskiego. Współpracowali z nim tacy pisarze, jak Stanisław Zaborowski czy Włodzimierz Korsak. Po przerwie, spowodowanej I wojną światową, „Łowiec Polski" zaczął się ukazywać znowu od 1 stycznia 1924 r., początkowo jako miesięcznik, później dwutygodnik, wreszcie tygodnik. Staje się organem Centralnego Związku Polskich Stowarzyszeń Łowieckich, organizacji obejmującej cały kraj, która w końcu przekształciła się w Polski Związek Łowiecki. Na łamach czasopisma piszą w dalszym ciągu Jan Sztolcman, Włodzimierz Korsak, Stanisław Zaborowski, później Julian Ejsmond, Józef Wł. Kobylański, Mieczysław Mniszek-Tchórznicki, Bolesław Świętorzecki i wielu innych. „Łowiec Polski" wydawany jest do dzisiaj, chociaż koleje jego losu są niezwykle zmienne i dotyczy to zarówno szaty graficznej, jak i częstotliwości wydawania.

W zaborze pruskim dopiero w 1906 r. powstaje ideowa organizacja łowiecka pod nazwą „Towarzystwo Łowieckie". Od 1 kwietnia 1907 r. zaczyna ukazywać się, pomimo trudności finansowych, jego organ „Łowiec Wielkopolski", pod redakcją Władysława Janty-Połczyńskiego. Mimo ogromnych trudności wydawanie czasopisma udało się utrzymać do września 1914 r.

Po tym krótkim — inne wymagałoby całej książki — omówieniu czasopism łowieckich, należy cofnąć się do 1880 r. W tym roku Józef Szlezygier publikuje zasady, uwagi i wskazówki dotyczące polowania przy uwzględnieniu hodowli, ochrony i rozmnażania zwierzyny pt. *Myśliwy ze strzelbą*. Jest to rozszerzone wydanie jego poprzedniej pracy z 1856 r. *Polowanie z wyżłem*. Książka jest wyczerpującym podręcznikiem dla myśliwego polującego z wyżłem, z psami w kniei, z obławą i naganką. Treść wzbogacona jest o rozdział dotyczący gospodarstwa łowczego, czyli myśliwskiego oraz objaśnieniami wyrazów i wyrażeń myśliwskich. W tekście szczegółowo omówiona jest zwierzyna, przypisana do poszczególnych rodzajów polowań. Autora cechuje duża znajomość tematu i słownictwa łowieckiego. Brak tu zupełnie „dobrych rad", które odnajdowaliśmy jeszcze w podręczniku Kurowskiego. Ponadto obie książki zawierają słowniczki języka łowieckiego — *Polowanie z wyżłem* nieco ponad sto wyrazów, a *Myśliwy ze strzelbą* blisko tysiąc wyrazów i wyrażeń. Podobnie jak niektórzy poprzedni autorzy, Szlezygier oparł się w swych pracach na Kozłowskim.

Wydawane są następne przewodniki: i tak w 1902 r. w Krakowie Artura Sumińskiego *Myśliwy*, w Warszawie Stanisława Rewieńskiego *Przewodnik dla myśliwych* (1903 r.); ten ostatni okraszony mnóstwem wspomnień własnych lub zasłyszanych.

Potrzebę książki łowieckiej starała się zaspokoić redakcja „Łowca Polskiego", wydając od 1900 r. szereg podręczników i monografii. Często były to tłumaczenia z języków obcych.

8 lutego 1881 r., na zaproszenie poety i działacza emigracyjnego w Turcji, Karola Brzozowskiego, wyruszyła ze Lwowa do Syrii dziesięcioosobowa wyprawa myśliwska. Polowano trochę na antylopy (strzelono dwie), głównie jednak na ptactwo. Zapoznano się z sokolnictwem, które uprawiali miejscowi myśliwi. Nie zdobyto wspaniałych trofeów myśliwskich, nie to było jej

celem. Miała charakter poznawczy — jak polują myśliwi w innych stronach świata. Wrażenia spisał Leopold Starzeński. Ogłosił je początkowo w „Łowcu", później pt. *Wspomnienia z wyprawy myśliwskiej do Syrii w roku 1881*, jako samodzielną broszurę wydaną we Lwowie w roku 1882, nakładem Galicyjskiego Towarzystwa Łowieckiego.

Z tego samego okresu z podróży odbytej w latach 1880-1882, pochodzą wspomnienia W. Wasilewskiego*) wydane w Warszawie w 1886 r. pod tytułem *Z krańców Sybiru — zapiski myśliwego-turysty*. Pomiędzy polowaniem w Europie i w tajdze były ogromne różnice. „Najsamprzód na zachodzie np. w Królestwie Polskim, zwierzyna znajduje się w polach, łąkach i lasach, tu zaś znajduje się ona w stepie i tajdze, czyli określając tutejszym wyrażeniem po prostu w tajdze. Pole, łąka, błoto lub las, chociażby i największy, są to terytoria mniej więcej określone, i ograniczone, poprzegradzane wsiami i miastami, gdy tymczasem tajga jest to przestrzeń nie mająca początku i końca, nie mająca granic — a chociaż ściśle geograficznie biorąc, granice dla tajgi naturalnie istnieją, to jednakże mają one znaczenie tylko dla geografów, myśliwemu zaś np. Amurskiej miejscowości, nie wiele na tem zależy, że tajga kończy się tam, gdzieś, około Oceanu Lodowatego... Zwierzyna nie jest zmuszoną skupiać się jak u nas w lasach, lub w pewnych miejscach, dobrze znanym myśliwym, jak gdyby w zwierzyńcach, lecz ma swobodne przejścia od Amuru do Oceanu Lodowatego, od Oceanu Cichego do Morza Białego... dlatego też europejscy myśliwi, gdy rozpoczynają polowanie na Syberii, doznają pierwiastkowego wrażenia takiego, jak gdyby dostali się w zupełnie puste, i pozbawione zwierzyny miejsca. Obszedłszy ogromną przestrzeń, nie znajduje się często żadnych śladów zwierzyny". Zwierzyna jednak jest i to gruba. „Zdarza się bardzo często, że jednocześnie z myśliwym podkrada się do iziubra (gatunek jelenia) i tygrys... i bywały wypadki, że myśliwy, już z bijącym sercem podkradał się na wystrzał ciężko dysząc... już mierzył, gdy naraz z odległości kikunastu kroków, strasznym skokiem rzuca się na iziubra tygrys... Bywały i takie wypadki, że iziubr już padł od kuli, a tygrys rzucał się już na leżącego, zaś myśliwy z wystrzeloną

---

*) Niestety, nie wiadomo, jak miał na imię.

bronią (do polowania często używano „berdynki" — jednostrzałowego karabinu) zmuszony był cofać się czemprędzej i ustąpić mu swoją z takim trudem zdobytą zdobycz".

Stykając się z różnymi ludźmi: polskimi zesłańcami z 1863 r. wymierającymi już goldami, a także z chunchuzami — bandytami chińskimi, wędrując pieszo lub statkami rzecznymi, gryziony przez muszki i komary, przewędrował autor cały kraj Ussuryjski, aż do Władywostoku, polując na różną zwierzynę i czyniąc wnikliwe obserwacje dotyczące życia mieszkańców.

Warto wspomnieć krótko o Władysławie Spauście (1847 - - 1898), zaliczanym obok Ubysza i Wodzickiego do trójki „złotych piór" „Łowca", dzięki którym pismo osiągnęło szybko wysoki poziom. Urodzony w Samborze, gdzie ojciec jego był lekarzem, po ukończeniu gimnazjum we Lwowie wstąpił do Wyższej Szkoły Rolniczej w Dublanach, którą ukończył z wyróżnieniem. Jako rolnik zarządzał lub dzierżawił różne dobra, jednocześnie polował i pisał. „Łowiec" w wspomnieniu pośmiertnym tak charakteryzował jego twórczość: „Któż z czytelników naszych nie zachwycał się artykułami śp. Władysława pisanymi z erudycją uczonego, dla którego wszystkie księgi mądrości stoją otworem, a mimo tego pełnymi zawsze humoru, owianymi polotem poezji szczerej, poezji wzniosłej, bo czerpanej wprost u źródeł przyrody. Nasze knieje i bory, łowiectwo nasze nie miało lepszego znawcy; gdy się czytało jego artykuły, zdawało się, że badał on wszystko, że pozyskał jakiś tajemniczy kamień, czy zioło, które mu opowiedziało o tajemnicach naszych zwierząt".

Dwa lata przed śmiercią w roku 1896 wydaje Spausta w zasłużonej lwowskiej księgarni Gubrynowicza i Szmidta książkę *Na tropach — obrazki przyrodniczo-łowieckie*. Pisze w niej o naszej wymarłej zwierzynie lub ginących jej gatunkach. Tytuły rozdziałów to: Tur i żubr — koń dziki — suhak — sobol — rosomak — bóbr — łoś — ryś — świstak — dzik — łabędź — głuszec. Autor dziwił się, że cenzura nie dopuściła jego książki w granice zaboru rosyjskiego. Ale już sam wstęp wskazuje, że książkę pisał nie tylko przyrodnik i myśliwy, ale przede wszystkim wielki patriota. Ciekawe były losy książki. Cytujemy tu za prof. Ziembickim (1928): *Na tropach* — cykl obrazków przyrodniczo-łowieckich jest arcydziełem, nie posiadającym sobie równego w piśmiennictwie polskim. Ale rzecz szczególna i znamienna: książka, która warta była przekładów na obce języki i która powinna się była doczekać wielu wydań — nie tylko, że „nie szła" bezpośrednio po pojawieniu się, ale dotychczas, wstyd to przyznać, spoczywa jako reszta pierwszego i jedynego nakładu na półkach księgarskich u wydawcy lat 32".

Prawdziwym bestsellerem okazała się natomiast *Mozaika wilcza* Konrada Machczyńskiego (1826 - 1911) z rysunkami J. Ryszkiewicza, wydana w tym samym roku (1896) przez dwie księgarnie: L. Zwolińskiego w Krakowie i T. Paprockiego w Warszawie. W 1927 r. doczekała się powtórnego wydania nakładem księgarni św. Wojciecha w Poznaniu. Książka poświęcona jest polowaniom na wilki, przepisom sporządzania witerunku i przynęt. Nie jest to jednak podręcznik. *Mozaika*, jak możemy odczytać w podtytule, ułożona została z „młodzieńczych wspomnień myśliwskich przyjaciela". I taką właśnie formę wspomnień, opowiadań i dialogów ma książka. Z wilkami zdarzały się różne historie. Pewnego razu do rozmawiających ziemian podszedł leśnik i z wesołą miną meldował:

— Wielmożny panie! Upolowaliśmy wilka!

— Któż go zabił? ty, czy twój ojciec? — pytał pan Michał.

— Ani ja, ani ojciec, ino upolował go Karosz wielmożnego pana. Karosz był to rosły i spasły koń, ostatni z czwórki cugowej karych ogierów, jakimi zwykle jeździł pan Michał, zanim zeszedł na rezydenta.

— Co ty bajesz? Jakto Karosz? Gdzie, kiedy, jakim sposobem? Mówże wyraźnie! — pytaliśmy Antka jeden przez drugiego, zadziwieni taką niezwykłą nowiną.

— Dyć za topielą, na małej Kobylance — objaśniał Zdrojek — gdzie tej nocy był z innymi końmi na pastwisku. Karosz pasł się troszkę opodal innych koni i miał, jak zwykle, żelazne pęta na przednich nogach. Chłopaki, wałkonie, pospali się i nie widzieli, co się dzieje. Dopiero na ranem któryś tam czujniejszy usłyszał chrapanie, parskanie i takie rzężenie, jakby kto kogo dusił, zbudził więc innych, pobrali kije i poszli za głosem w stronę Karosza, gdzie rychtyk trafili na hecę. Ogier stał na miejscu jak wryty, ze łbem ku ziemi zwieszonym, chrapał i kwiczał, jak to, kiedy konie się gryzą, jakby co pyskiem rozrzucał, a pomiędzy przednimi nogami trzymał pod żelaznym prętem przyduszonego do ziemi za sam kark wilka i darł go zębami. Wilk kręcił kadłubem, ciągnął się w tył i odpychał nazad tylnemu nogami, usiłując na próżno wydobyć łeb spod pręta, gdyż ciężki Karosz tak go przycisnął, że przyłapana bestya rozwarła tylko pysk, wywaliła ozór i rzeżała...".

Wilka trzeba było dobić, ale jak to się stało? „... niezawodnie w chwili, kiedy wilk przywarował przed koniem, czekając sposobności pochwycenia go za gardło, Karosz musiał podskoczyć, jak to robią zwykle konie spętane, i to tak szczęśliwie, że właśnie pętem trafił mu na kark; a że to koń ciężki i doświadczony, więc dostawszy raz nieprzyjaciela pod nogi i w takie kleszcze, już się nie ruszył z miejsca, tylko go trzymał, czując instynktownie, że mu ludzie przyjdą z pomocą".

Machczyński, publicysta i pisarz, kształcił się na wydziale prawnym Uniwersytetu Berlińskiego. Zapalony myśliwy, publikował w „Jeźdźcu i myśliwym", „Łowcu Polskim" i kalendarzach myśliwskich. Poza *Mozaiką wilczą* wydał: *W polu i kniei — z teki myśliwego* (1897), *Humoreski i nowele myśliwskie i obyczajowe* (1905) oraz rozprawę *O wyżłach i ich układaniu* (1898).

Wielką troską Machczyńskiego było zachowanie tradycyjnego języka łowieckiego. Zamieszczał więc na łamach „Łowca Polskiego" artykuły podające terminologię łowiecką między innymi zająca, sarny, wilka. Zamiarem autora było nie tylko krzewienie wśród myśliwych języka łowieckiego, ale także ocalenie od zapomnienia wyrazów regionalnych i wyrażeń związanych z łowiectwem. I tak podając terminologię zająca pisał: „W języku myśliwskim zając nazywa się kotem i szarakiem, przezywają go także koszlonem, śpiochem, wrzeszczakiem, ślepakiem, kusym, burkiem, skotakiem, korpalem (na Podlasiu), kicakiem i wachą lub wachonem. Myśliwi żartownisie mówią, że nawet ogary znają niektóre z tych nazw" („Łowiec Polski" nr 10/1900). W poprzednim numerze „Łowca Polskiego (9/1900) tak pisał o języku łowieckim: „... powszechne zamiłowanie do łowów wywoływało konieczność zapoznania się z dziką naturą zwierzęcą... oraz tworzenia wyrażeń i określeń zwięzłych, dosadnych a barwnych, tak jednak często odmiennych od mowy potocznej, że z tego powstał jakby rodzaj osobnego języka myśliwskiego, po większej części niezrozumiałego dla profanów. Tym językiem przemawiał zwykle myśliwy wśród pokrewnej sobie drużyny nemrodów. Po wyrażeniach łowieckich myśliwi poznawali się wzajemnie i w tym języku porozumiewali się między sobą. Jego dokładna znajomość tak była potrzebna i wymagana, że myśliwy który by użył niewłaściwej nazwy w rzeczach dotyczących zwierzyny i łowów, nie tylko ośmieszyłby się w oczach współtowarzyszów i naraził na żarty z ich strony, ale i wzbudziłby nieufność do swej biegłości w sztuce łowieckiej.

Skutkiem tego nasza terminologia łowiecka należy niewątpliwie do najbogatszych, stanowi ważny przyczynek do historii obyczajowej życia narodowego".

W grudniu 1895 r. ukazała się następująca zapowiedź nowej książki: „Wkrótce ukaże się na półkach księgarskich wspaniałe wydawnictwo w dwóch tomach, pod tytułem: *Notatki myśliwskie z Dalekiego Wschodu*, ilustrowane przez Piotra Stachiewicza (Tom I: Indie — Tom II: Ceylon). *Notatki myśliwskie* są zbiorem przygód i wrażeń śmiałego podróżnika i dzielnego myśliwca z dwóch podróży, odbytych na Wschód Daleki: pierwszej w roku 1890 na półwysep Hindustański, drugiej w cztery lata później — na Cejlon, z głównym celem — polowania na grubego zwierza. Jest to jedyne w swoim rodzaju dzieło w literaturze naszej, zarówno o treści, niezwykle zajmującej, szczególnie dla miłośników łowiectwa, jak ze strony zewnętrznej, którą uświetnia oprócz wykwintnego wydawania we wspaniałej oprawie, około 130 pięknych rysunków najznakomitszego współczesnego ilustratora naszego, Piotra Stachiewicza, twórcy rozgłośnych kartonów do *Legend o Matce Boskiej, Wieliczki, Dziada i Baby* itd. Tom I *Notatek myśliwskich*, opisujący przeszło dwumiesięczny pobyt na półwyspie Hindustańskim, poznał się z prasami drukarskimi już w roku 1891, ale był odbity z woli autora tylko w stu egzemplarzach i nie znajdował się wcale w handlu księgarskim. Wiadomość wszakże o nim przedostała się już wówczas do najważniejszych organów prasy i dzieło uzyskało ogólne uznanie i pochwały. Pochlebne zdanie tych, którzy mieli sposobność poznać tom I *Notatek*, skłoniły autora do zezwolenia na ich wydanie dla szerszego ogółu z dołączeniem drugiego tomu, zawierającego opis podróży z roku 1894, odbytej na Cejlon, wespół z małżonką autora. Oprócz opisu wypraw i przygód myśliwskich, ze wszystkimi ich szczegółami i przygotowaniami, dzieło Józefa hr. Potockiego, skromnie nazwane *Notatkami* zawiera liczne, a kołu naszych czytelników mało znane szczegóły o faunie i florze miejscowej, opisy miejscowości i zabytków dawnej kultury, wiadomości etnograficzne i historyczne, uwagi o teraźniejszych stosunkach pod rządem angielskim itp. Rysunki

Piotra Stachiewicza po mistrzowsku odtwarzają sceny z łowów i obrazy przyrody, oraz podobizny mało znanych zwierząt i stanowią z opisem harmonijną całość. Kilka z tych ilustracji znakomitego artysty podajemy w niniejszym zawiadomieniu. Oznajmiając o tej niepospolitej nowości wydawniczej, nadmieniamy, iż *Notatki myśliwskie z Dalekiego Wschodu* ukażą się w dwóch tomach formatu in quarto, we wspaniałej oprawie w miesiącu grudniu 1895 r. Cena obu tomów w oprawie wyniesie złr. 20 — rs. 16. Nadto będzie odbitych 50 egzemplarzy numerowanych na wytwornym papierze japońskim w cene zł. 50 = rs. 40. Gebethner i Wolff".

Mimo zapowiedzi, książka ukazała się rok później w nakładzie sześciuset egzemplarzy, ale za to nie zawiodła oczekiwań czytelników, zarówno pod względem edytorskim, jak i treści. Obie książki miały jeszcze drugie wydanie w 1905 r. i 1906 r. w dużo skromniejszej szacie nakładem *Łowca Polskiego.*

Jeszcze wspanialszą oprawę graficzną miały wydane w 1897 r. *Notatki myśliwskie z Afryki-Somali.* Nakład był również niewielki — tysiąc egzemplarzy.

Czwartą wyprawę przedsięwziął Józef Potocki (1862 - 1922) w 1901 r. Celem jej pierwotnie miał być Nil Biały. W drodze plan zmieniono i udano się nad Nil Niebieski. W podróży tej towarzyszył Potockiemu Jan Sztolcman, który opublikował wspomnienia z tej wyprawy pt. *Nad Nilem Niebieskim,* wydane po raz pierwszy w 1902 r. nakładem *Łowca Polskiego* z ilustracjami Józefa Rapackiego i licznymi zdjęciami. Drugie wydanie tych wspomnień pochodzi z 1928 r.

Józef Potocki w 1921 r. wydał jeszcze jedną książkę *Nad Setitem* w niewielkim nakładzie dwustu pięćdziesięciu egzemplarzy.

Pisząc o książkach łowieckich i ich autorach, nie można pominąć Adolfa Dygasińskiego (1839 - 1902). Pisarz ten początkowo studiował w warszawskiej Szkole Głównej, której nie ukończył, brał udział w walkach powstania styczniowego, był wydawcą, później współpracował z redakcjami wielu czasopism, a nawet jako korespondent „Kuriera Warszawskiego" odbył podróż do Brazylii. W opowieściach przyrodniczych, znajdując się pod wpływem naturalizmu, zwraca uwagę na zależność człowieka od przyrody. Podobnie do K. Wechiera, odnajduje analogie między światem zwierząt i ludzi. W jego nowelach i powieściach odnaleźć można wątki myśliwskie, np. w *Panu Jędrzeju Piszczalskim*, przedstawicielu ginącej starej szlachty, opis alkierza, gdzie przechowywano akcesoria myśliwskie i jeździeckie. W 1901 r. nakładem J. Fiszera w Warszawie Dygasiński wydał *Wielkie łowy — przygody myśliwskie* z piętnastoma rysunkami S. Świerzawskiego. Są to opisy łowów na zwierzynę egzotyczną, napisane dla młodzieży.

Tuż przed pierwszą wojną światową w 1913 r. myśliwi otrzymali prezent najwyższej miary — cztery tysiące sto sześćdziesiąt dwa egzemplarze *Sobola i panny* Józefa Weyssenhoffa (1860 - 1932), ozdobione osiemdziesięcioma pięcioma barwnymi i czarnymi rysunkami Henryka Weyssenhoffa (1859 - 1922). Autor książki urodził się w zamożnej rodzinie ziemiańskiej na Żmudzi. Po ukończeniu gimnazjum w Warszawie studiował prawo w Dorpacie, później gospodarował we własnym majątku, do którego utraty doprowadziło go dość szybko bujne życie. Swe doświadczenia życiowe przekazał w najwybitniejszym swoim utworze *Żywot i myśli Zygmunta Podfilipskiego*. *Soból i panna* to sielanka rozgrywająca się w rodzinnych stronach autora. Jej tłem jest wieś, dworki ziemiańskie, rojsty, puszcza, a przede wszystkim polowania. Oprócz ludzi bohaterami książki są zwierzęta z mitycznym dzikiem Chaskielem na czele. „Chaskiel gdzieś mieszka w tych obszarach mroku — gdzieś może leży w topniejącym śniegu, do czarnego pagórka podobny, może przywarwszy cielsko do pnia sosnowego wyciera się żywicą i leczy rany — jeżeli to oczywiście Chaskiel otrzymał tę kulę?... Nazajutrz osacznik przywiózł do pałacu dzika postrzelonego przez Michała. Dzik szedł jeszcze kilka wiorst, kosztował dużo fatygi i parę strzałów. Odyniec tęgi, ważył przeszło pięćset funtów. Ale to nie był Chaskiel. Najwyżej jakiś krewny, bo miał także rudawe bokobrody, tylko mniejsze. Chaskiel żyje do dziś dnia, latem wnęca się w hreczkę i w owies, jesienią w kartofle, a poznają go ludzie po spustoszeniach i po tropach tak wielkich, że je zabobonni uważają za ślady siły nieczystej. Chodzi nocami. Zjawił się tego roku przy pełni księżyca organiście, wracającemu z odpustu, konie mu spłoszył i przyprawił o ciężką chorobę, z której powodu organista dotąd wódki w usta nie bierze".

Było jeszcze kilka wydań *Sobola i panny*, ale już bez pięknych ilustracji jak to z 1913 r. *Soból i panna* jest klasyczną pozycją literatury łowieckiej i do tej pory, niestety, nie ma sobie równych. Piękno przyrody, piękno scen myśliwskich zachwycają i urzekają kolejne pokolenia myśliwych.

Drugą powieścią myśliwską J. Weyssenhoffa jest *Puszcza*, wydana przez Gebethnera i Wolffa w 1930 r. z dziesięcioma ilustracjami Kamila Mackiewicza. Jedną z najlepszych scen całej książki jest podchód głuszca przez Moroza, najpierwszego z łowczych, osaczników i wabicieli: „Owionął go chłód przedziwny, nasycony wiosenną żywicą i taka lotność wstąpiła w nogi, że nie przebierając nimi, sunął przez las do wiadomego miejsca, gdzie zasadzony był wielki głuszec na wzgórzu. Księżyc, jak przewodnik, mknął przed nim wierzchołkami sosen.

Teraz wiedział Moroz na pewno, że jego dusza nie jest w nim samym, nie w piersi pod szarą kurtką, lecz przed w księżycowym pasie, który unosi ją w górę i w dal, a ciało podąża za duszą, lekko wprawdzie, lecz trochę opodal. Było to dziwne z początku i straszne, ale stało się wkrótce czemś naturalnym, choć niesłychanem. Tak już ma być: dusza Moroza płynie po promieniu i osadzi się w grającym głuszcu.

Oto już w nim telęka.

Wierny prawidłom sztuki, Moroz przystanął i czekał, aż się rozegra pieśń cała.

A gdy wypłynęła z ogromnej ciszy, Moroz, który ją znał od tylu lat, zrozumiał, co głuszec dzisiaj gada:

— Tak — tak — na wiek, na wiek — zamieszkasz na uroczysku Moroziszcze.

— Taho mnie tolko i treba! — ucieszył się stary, skacząc ochoczo do swego losu, podczas czyhitania.

Skakał po mchu z lekkością nadprzyrodzoną — wiadomo: cień bez duszy — i wysłuchiwał w skoku, co mu opowiadał śmiertelny jego głuszec.

A głuszec poganin śpiewał tylko o radości życia w wybuchu wiosny i w zachwycie kochania. Choć wziął w siebie ludzką duszę, nie pamiętał nauk o życiu zaziemskim, wielbił tylko chwilę rozkoszy, zapomniał o jej następstwach. A może przeczuwał, że wiek człowieka czy ptaka nie przepada dla wszechżycia — i czekał odważnie szczytnej chwili umierania, chwili przemiany.”

Jak już wcześniej wspomniano jednym ze „złotych piór” „Łowca”, obok Wodzickiego i Spausty, był Aleksander Cholewa

Ubysz (1832 - 1890), piszący często pod pseudonimem Simplicjusz. Syn szlachcica, powstaniec z 1863 r. odtwarzał w swoich utworach z upodobaniem typy ludowe. Nie posiadał takiej wiedzy, jak dwaj pozostali pisarze. Utwory jego cechuje jednak umiłowanie przyrody i ziemi ojczystej. Brak wiedzy zapędził go raz na manowce. Ulubionym rodzajem polowania A. Ubysza było polowanie z chartami. Tej rasie psów poświęcił opracowanie *Chart* wydane w 1880 r. Lecz podany przez autora podział psów na rasy i ich geneza wywołał ostre sprzeciwy i polemikę. Książka wkrótce po ukazaniu się należała już do rzadkości bibliofilskich. Autora porównywano chętnie z Wincentym Polem, z którym zresztą był spowinowacony, a przez pewien czas był jego lektorem (Pol pod koniec życia stracił wzrok). W stylu Pola i poświęcony jego pamięci jest poemat *W borze i klasztorze* — gawęda myśliwska, który ukazał się we Lwowie w 1886 r. z rysunkami Harasimowicza. Jest to wspomnienie zakonnika, ongiś uczestnika konfederacji barskiej i zawołanego myśliwego. O dawnych czasach zakonnik ów wspomina:

„I łowcem byłem, z pasji — nie dla zysku;
Ubić cietrzewia świtem na toczysku,
Ganiać po kniejach, choćby dobę całą;
Czasem i dłużej, bo i tak bywało;
Ubić — nie ubić — dość dojrzeć „omyka",
„Serwetkę" sarny, gdy gąszczą pomyka —
To rozkosz łowca! A jak wspomnieć mile,
Choć i nad grobem! (...)

Autor podkreśla urok samotnych polowań i wędrówek po lesie:

„W torbiem zwykł nosić, oprócz prochu rożka
I różnych innych myśliwskich przyborów,
Nieco prowiantu, nawet soli troszka,
Bom nieraz w Litwie polując, śród borów
I cztery doby przebył permanente.
W borzem przedniował, w borzem przenocleżył,
Gdy wyszedł prowiant, na żerdzi zatknięte,
Piekłem jarząbki, głuszce lub szaraki,
Jakie to smaczne! niktby nie uwierzył,
Chyba, że doznał sam przygody takiej".

I tak ciągną się wspomnienia drgające echem konfederacji, łowów i przygód.

Do „Łowca” pisał również Artur Bartels (1818 - 1885), satyryk, pieśniarz, rysownik. Charakterystykę jego podaje Witołd Ziembicki: „Urodzony w Wilnie, kształcił się w Petersburgu i Paryżu, poczem jako ziemianin pracował na roli. Od wczesnych lat oddawał się z upodobaniem poezji, muzyce i malarstwu, a jakkolwiek w żadnej z tych dziedzin nie doszedł do doskonałości, pozostając zawsze amatorem dyletantem, przecież dzięki właściwościom swego talentu stał się jednym z najulubieńszych i najpopularniejszych autorów swego czasu. W wierszu i piosence był to satyryk, w rysunku karykaturzysta”.

W „Łowcu” opublikował poemat *Tydzień Poleski*, ustęp z życia myśliwego na Litwie. Utwór ten w 1883 r. otrzymał wydanie książkowe. Treścią są przygody grupy myśliwych spędzających tydzień w lesie, w zrobionym własnoręcznie szałasie.

„Na cały tydzień do lasu, panie,
Dopóki prochu i śrutu stanie,
Idziemy w kilku, a każdy niesie
Cząstkę prowizyi, bo w głuchym lesie
Prócz borowika i mętnej wody
Nic nie dostaniesz, paniczu młody,
Ale jest starka i jest wędlina,
Jest ser i masło, będzie zwierzyna.
Krupek i masła torebka cała,
Nawet bigosu faseczka mała,
A z flaszką rumu, która nie wadzi,
Jakoś tam człowiek sobie poradzi”.

I tak dzień po dniu przebiega polowanie na coraz to inny rodzaj ptactwa: słonki, głuszce, jarząbki. Autor kończy trochę smętnym wspomnieniem:

„Takie to nasze bywały łowy
I takie wiosny, i ludzie tacy!...”

Bartels malował również na surowych deskach sceny myśliwskie, wykorzystując w kompozycji słoje i sęczki.

Wspomnieliśmy poprzednio o Towarzystwie Lisowickim. Polowanie w tym towarzystwie malowniczo przedstawił jeden z jego członków Zygmunt Pietruski. Utwór początkowo opublikował w „Łowcu”, potem, w 1887 r., jako samodzielną odbitkę *Dzień Lisowczyka — obrazy myśliwskie*. Dzień składa się z dziesięciu obrazów: pobudka, śniadanie, wyjazd, zachodzenie do miotu, miot, kanonik, powrót, obiad, po obiedzie, noc.

Odnajdujemy w nich piękny obyczaj myśliwski, czasem łączony z przesądami, i echa dawnej kniei. Spójrzmy jak wygląda izba myśliwska w domku Lisowczyków:

„Tu wszystkie ściany są gęsto okryte
Łupami, które w tych kniejach zdobyte:
Więc najpierw widne w obu końcach sali
Patrzą na siebie z nieznacznej oddali
Dwie niedźwiedzice, obiedwie w postawie
Groźnej, wzniesionej, tak, że rzekłbyś prawie,
Iż jeszcze żyją, jedna w łapach trzyma
Sporego grabka, niby kij olbrzyma,
Na którym w górze lampa umieszczona
Świeci wieczorem, druga zaś ramiona
Wprzód wyciągnęła, a na zadzie siedzi,
Wrzkomo się skarży na swój los niedźwiedzi.
A dalej znowu wszystkie w koło ściany
Zdobi myśliwski łup porozwieszany:
Dziewięć odyńców srogich kłami błyska,
Ówdzie ryś z drzewa na zdobycz się ciska.
Tam znów dwa żbiki — zda się, że co chwila
Na dół zeskoczą — obok się wychyla
Para łbów wilczych, co długo w Waldynie
Wielkie nam szkody robiły w zwierzynie;
Dalej wypchane ptactwo rozmaite.
Na jednej ścianie wysterczą przybite
Rozliczne rogi — niektóre odmienne,
Z piękną koroną i myłkusy cenne.
Pod wszystkiem napis, co do tego zmierza,
By wiedzieć, kiedy i kto zabił zwierza;
Słowem, co żyje, co chodzi czy lata,
Wszystko przysłało swego deputata
Tak, iż, kto nie wie, byłby pewny tego,
Że to Muzeum lub Arka Noego".

Losowanie stanowisk — to ważny moment przed rozpoczęciem polowania. Autor świetnie przedstawił tę atmosferę:

„Różne są, różne ciągnienia sposoby,
Co rzeczą gustu odnośnej osoby:
Jeden wyciągnie, zaraz rzuci okiem,
Co mu los zdarzył; drugi zaś z głębokiem
Milczeniem gałkę starannie ukrywa,

Rzekłbyś zły numer zmienić się spodziewa;
Ten jakieś gusła robi tajemnicze
I w tył za siebie obraca oblicze;
Ów jakieś słowa niepojęte szepce,
Wszkomo coś mówi, coś językiem chlepce,
Może się modli, ale nie wiem zgoła
Czyli Huberta, czy Nemroda woła...".

Akwarelki myśliwskie to zbiór poezji myśliwskich dziś zapomnianego poety Jana Niesłuchowskiego, wydany w tomiku *Poezyje* w 1898 r. Urodzony w 1851 r. w Mińsku Litewskim, po ukończeniu szkoły studiował na Uniwersytecie w Petersburgu, później w Instytucie Technologicznym. Pracował na Kaukazie. Sparaliżowany, po długiej kuracji mógł chodzić o laskach. Podjął od nowa pracę i nie zrezygnował z polowań.

Jak go oceniał wydawca? „Nie był to talent całkowicie oryginalny, w utworach epicznych wzorował się nieraz na Mickiewiczu, rzewną liryką przypomina znów Syrokomlę... Później brak zachęty zawrócił go na pole przekładów...". A oto fragment *Obławy na wilki*:

„W kniei — cisza, nic zgoła bynajmniej nie zdradza,
Że Hryszka tutaj ostęp dawno oprowadza.
Aż wreszcie strzał daleki dał znak i zawrzało
Na szerokim półkolu...
Cietrzew przemknął strzałą;
Za nim borowych drozdów przeleciała kupka,
Bielak wyskoczył z łozy, dał na chwilę słupka
I pomknął. Gwar się wzmaga, dojeżdżaczy rogi
Niosą po lesie wilkom prognostyk złowrogi,
Aż nagle gonem knieja zawrzała głęboka:
Gon ostry, widać wzięły całą kupę z oka.
Padły strzały na skrzydłach jednocześnie prawie,
Wielki wrzask się posuwa po całej obławie,
Snać kołem składać musi... aż wreszcie po kniei
Strzał po strzale zaczęły sypać po kolei
I krzyki: „pilnuj!...".

Wróćmy jeszcze do Leopolda Starzeńskiego, autora *Wyprawy myśliwskiej do Syryi*. W 1900 roku nakładem Gebethnera i Wolffa ukazała się jego nowa książka *Z gawęd starego myśliwca*. Zawiera ona dwa utwory prozą, pozostała część książki to wiersze — wspomnienia.

Wydawcy pisali: *Gawędy myśliwca* ... które wyszły spod pióra jednego z najlepszych, a niemal już ostatniego myśliwego starego autoramentu ... Nie roszczą one pretensji do wykwintnej formy, ani do wzniosłego polotu poetyckiego, lecz tyle w nich tężyzny, tyle dziarskiej swady myśliwskiej, że dla jednych stanowić będą miłe wspomnienie, dla drugich żywy obraz łowieckiej przeszłości.

Pisarz — poeta — myśliwy zdawał sobie sprawę, że dawne łowy odchodzą w przeszłość. Pisze o tym w wierszu *Z listu do Kazimierza Wodzickiego*:

„Pytasz mnie, Kazimierzu! czy będę gotowy
Dzielić wraz z Tobą nasze stryjskie łowy?
Na myśl samą, me serce bije, że aż słyszę!
Dzięki przyjm za Twą pamięć, licz jak na Zawiszę.
Bo prawdziwi myśliwi wśród naszej młodzieży,
To jak żubry ostatnie w lasach Białowieży;
To dziatwa bezpotomna ze szkoły Wojskiego;
To rycerze kresowi myślistwa polskiego.
My ponoć ostatni już strzelcy prawdziwi,
Jak Napoleniści!... Ostatni myśliwi!...
Drużyna, która po nas zostanie na globie,
Skruszy tarcze łowieckie na naszym pogrzebie.
Tam nas łabędzim śpiewem trąbki pożegnają
I ostatni raz wyciem ogary zagrają.
O bo znam tych myśliwych, co się mierzą z nami
I którzy zowią siebie „a la mode strzelcami".
Ubrani jak z żurnalu, w kniei piją, jedzą,
Potem na stanowiskach na krzesełkach siedzą;
Z tyłu strzelec z Mariabrunn służy za suflera;
Na nosie prince-nez, w ręku Lefauchex Springera;
U nóg pies czeski, Coracua w manierce; —
A po miocie zwierzynę — schowasz w tabakierce!...".

Wiersz *Ostatnie polskie łowy* to także echa, nieznane już współczesnemu myśliwemu:

(...) To polska dziatwa tak na łowy rusza! —
Bo my nie strzelcy, jakich dziś tak wiele,
Co to z niemiecka i z czeska potrosze,
Strzelają jeno skowronki, chruściele
Albo w zwierzyńcach bażancie kokosze.
Oj! nie! innego nam potrzeba zwierza!...

My dziś ostatnia drużyna dobrana!...
Ostatnia!!! Jakby z ostępów Nieświeża,
Z Radziwiłłowskiej szkoły lub Reytana...
Poznasz: to orszak w łowach wyćwiczony...
Pod każdym rumak miota się — i pryska,
W ręce każdego sztuciec doświadczony,
Z boku kordelas wyostrzony błyska. —
Naszych praojców łowców zgasłe cienie
Z obłoków na nas dziś patrzą szczęśliwi,
Że w śladach poszło młode pokolenie
I szepcą z dumą: „To polscy myśliwi!".

Temat łowiecki jest tak barwny, że chętnie sięgali do niego i nasi najwięksi pisarze.

Sceny myśliwskie możemy odnaleźć w *Krzyżakach* Henryka Sienkiewicza (1846 - 1916). Autor, zresztą sam myśliwy, tak opisał walkę Zbyszka z niedźwiedziem:

„— Bywaj dziadku! — zawołał Zbyszko wysuwając się spod sosny.

Niedźwiedź ryknął krótko, jakby przerażony niespodziewanym zjawiskiem, lecz był już zbyt blisko, aby mógł ratować się ucieczką, więc w jednej chwili podniósł się na zadnie łapy rozwarłszy przednie jak do uścisku. Tego właśnie czekał Zbyszko; zebrał się w sobie, skoczył jak błyskawica i całą siłą potężnych ramion oraz własnego ciężaru wbił widły w piersi zwierza.

Cały bór zatrząsł się teraz od przeraźliwego ryku. Niedźwiedź chwycił łapami widły pragnąc je wyrwać, ale zadziory przy ostrzach wytrzymały, więc poczuwszy ból zagrzmiał jeszcze straszliwiej. Chcąc dosięgnąć Zbyszka wsparł się na widłach i wbił je sobie mocniej. Zbyszko nie wiedząc, czy ostrza weszły dość głęboko, nie puszczał rękojeści. Człowiek i zwierz poczęli się szarpać i szamotać. Bór trząsł się wciąż od ryku, w którym brzmiała wściekłość i rozpacz.

Zbyszko nie mógł się jąć topora nie wbiwszy poprzednio drugiego, zaostrzonego końca wideł w ziemię, niedźwiedź zaś chwyciwszy za osadę łapami miotał nią i Zbyszkiem jakby rozumiejąc, o co chodzi — i mimo bólu, który sprawiało mu każde poruszenie utkwionych głęboko ostrzy, nie dając się „podeprzeć". W ten sposób straszna walka przedłużała się — i Zbyszko zrozumiał, że siły jego w końcu wyczerpią się. Mógł także upaść, a wówczas byłby zginął, więc zebrał się w sobie, wyprężył ramiona, rozstawił nogi, wygiął grzbiet jak łuk, by się nie przewrócić na wznak, i począł powtarzać przez zaciśnięte zęby:

— Moja śmierć albo twoja...

I chwycił go wreszcie taki gniew, taka zawziętość, że istotnie wolałby był w tej chwili sam zginąć niż bestię puścić. Wreszcie zawadziwszy nogą o korzeń sosny zachwiał się i byłby padł, gdyby nie to, że w tej chwili stanęła przed nim jakaś ciemna postać — i drugie widły „podparły" bestię, a jednocześnie głos jakiś zawołał mu nagle tuż nad uchem:

— Toporem!...

Zbyszko w uniesieniu walki ani na jedno mgnienie oka nie zastanowił się, skąd mu niespodziewana pomoc nadeszła, natomiast chwycił topór i ciął strasznie. Trzasnęły teraz widły złamane ciężarem i ostatnią konwulsją zwierza — ów zaś zwalił się jakby piorunem rażony na ziemię i począł na niej chrapać".

Równie interesujący jest opis książęcego polowania na grubego zwierza:

„Biegli leśnicy poczęli pod wodzą wielkiego łowczego rozstawiać myśliwych długim rzędem na skraju polany, tak aby będąc sami w ukryciu mieli przed sobą pustą przestrzeń, ułatwiającą strzały z kusz i łuków. Dwa krótsze boki polany obstawione były sieciami, za którymi taili się borowi „nawrotnicy", których obowiązkiem było nawracać zwierza ku strzelcom lub jeśli nie dając się spłoszyć zaplątywał się w sieciach, dobijać go oszczepami. Nieprzeliczone gromady Kurpiów, umiejętnie rozstawione w tak zwaną otokę, miały pędzić wszelkie żywe stworzenie z głębin leśnych na polanę. Za strzelcami znów znajdowała się sieć rozpięta w tym celu, by zwierz, który zdoła przedrzeć się przez ich szereg, został nią powstrzymany i w jej skrętach dobity.

Książę stanął w pośrodku szeregu w lekkim zagłębieniu, które biegło przez całą szerokość polany. Główny łowczy, Mrokota z Mocarzewa, wybrał mu to stanowisko, wiedząc, że tym właśnie wgłębieniem będzie pomykał przed otoką najgrubszy zwierz z puszczy. Sam książę miał w ręku kuszę, tuż pod bokiem pana stał oparty o drzewo ciężki oszczep, a nieco z tyłu trzymali się dwaj „brańcy" z toporami na ramionach, ogromni, do pni leśnych podobni, którzy oprócz toporów mieli jeszcze gotowe napięte kusze dla podania księciu w razie potrzeby." (...)

„Jakoż po upływie kilku pacierzy na skraju pojawiły się wilki, które jako najczujniejsze, pierwsze usiłowały się wynieść z obieży. Było ich kilka. Ale wypadłszy na polanę i zwietrzywszy wokół ludzi, dały znów nurka w bór szukając widocznie innego wyjścia. Potem dziki wynurzywszy się z kniei poczęły biec długim, czarnym łańcuchem przez zaśnieżoną przestrzeń, podobne z dala do swojskiej trzody chlewnej, która na wołanie gospodarnej niewiasty zdąża trzęsąc uszyma ku chacie. Ale łańcuch ów zatrzymał się, słuchał, wietrzył — zawracał i znów słuchał; wyboczył ku sieciom i poczuwszy nawrotników znów puścił się ku myśliwym chrapiąc, zbliżając się coraz ostrożniej, ale coraz bardziej, póki wreszcie nie rozległ się szczęk żelaznych zastawników przy kuszach, warkot grotów i póki pierwsza krew nie splamiła białej, śnieżnej podścieli".

Stefan Żeromski (1846 - 1925) oczarowany pięknem kieleckich borów dał temu wyraz w *Popiołach*. Zacytujemy tu tylko fragment opisu polowania:

„Ogary poszły w las.

Echo ich grania słabło coraz bardziej, aż wreszcie utonęło w milczeniu leśnem." (...)

„Nagły, daleki, jadowity głos drgnął w lasach. Za pierwszym ozwał się drugi, rzewny i czysty, niby miąższy tenor. Rafał ocknął się jak ze snu i machinalnie dźwignął strzelbę do twarzy. Po chwili oprzytomniał i napastnicze oczy w las wlepił. Pierzchły marzenia. Słońce przypiekało, wzmogły się powiewy ciepłego wiatru, i ze wszystkich drzew leciały raz w raz na ziemię ogromne płaty lepkiego śniegu.

— Psy gonią... — szepnął do siebie.

W istocie słychać już było dźwięk dwu głosów. Niemna i Wisły, ale tak daleko, gdzieś w ciepłej kniei, na południowym stoku łańcucha gór, że tylko młode ucho mogło rozróżnić to granie. Echo płynęło z wolna, jakby w znużeniu, ale zbliżało się ciągle. Nim jedno krańców leśnych dosięgło, już płynął w pościgu rzeźwy huk, niby muzyka złowroga, pełna dzikiego czaru, gwałtu i siły. Młody mężczyzna obejrzał strannie panewkę swej broni, troskliwie przyjrzał się suchym i lśniącym ziarenkom prochu. Zaczaił się i cały przeistoczył w narzędzie śmierci. Tęsknota, jaka mogłaby zdusić życie, osiadła w jego oczach i zmieniła je w dwa pociski. Serce głośno biło w piersiach i każdem uderzeniem zdało się również czatować.

Psy nadciągały bliżej, bliżej... Już można było rozróżnić same głosy.

W pewnej chwili, od szczytu gór dał się słyszeć tępy, jednostajny, rytmiczny odgłos biegu — duch-duch-duch-duch... Serce w słuchającym zamarło i ustało. Trzasła w pobliżu gałązka. Przez chwilę gęściej, obficiej śnieg się posypał... Oto z pomiędzy zarośli młodej świerczyny wysunęło się stado sarn, a na ich czele szedł z wysuniętą głową ciemnoorzechowy rogacz. Rafał wziął go na oko, przycisnął kolbę do szczęki i położył palec na cynglu. W tej samej chwili sarn stanął. Przednią lewą nogę podniósł, odwrócił śliczną głowę z rożkami i uważnie nasłuchiwał. Z całego stadka para szła gęsta.

— Na komorę... — marzył Rafał, kierując lufę pod przednią łopatkę kozła.

Nagle olbrzymia czapa mokrego śniegu runęła na jego ręce, twarz, kolbę i panewkę. Pociągnął za cyngiel. Krzemień sucho trzasnął, ale iskra nie zapaliła zmoczonego prochu. Gdy młodzieniec przetarł oczy, ujrzał już tylko sarnie nogi, wytężone jak stalowe sprężyny, i białe ich „talerze". Przesadziły najwyższe stojące szczyty chojaków i znikły. Tylko te szczyty zielone i giętkie długo jeszcze drżały i kiwały się, a śnieg leciał niespokojnie z potrąconych gałęzi".

Sporo miejsca poświęciliśmy literaturze, warto wrócić do sztuki.

Do XIX w. rycina czy malarstwo o tematyce łowieckiej były niezmiernie rzadkie. Trochę prymitywnie wykonanych drzeworytów, później miedzioryty przeznaczone do ilustracji książek i to wszystko.

Można do tej grupy grafiki dołączyć jeszcze kilka miedziorytów Daniela Chodowieckiego (1726 - 1801), który, chociaż zawsze czuł się Polakiem, jednak większość życia spędził w Berlinie, gdzie projektował ryciny, a często sam rytował, głównie na zamówienia niemieckie. Ryciny te odznaczają się drobiazgowym opracowaniem szczegółów. Zwierzyna, psy i konie w jego wykonaniu były jednak mało podobne do oryginałów.

Piewcą staropolskiej kniei jest przede wszystkim Juliusz Kossak (1824 - 1899). Urodzony w Wiśniczu. Po ukończeniu szkoły, podjął studia prawnicze na Uniwersytecie Lwowskim. Ponieważ lubił rysować, jednocześnie pobierał lekcje rysunku u Jana Maszkowskiego, artysty znanego wówczas w środowisku lwowskim.

Zapraszany przez bogatych ziemian jeździł po Galicji, Podolu i Wołyniu, obserwując i szkicując obrazy z życia szlachty i jej obyczajów. Spotkanie z Piotrem Michałowskim, jego szkice i akwarele wzbudziły w Kossaku zamiłowanie do tematyki rodzajowej. Powstają pierwsze akwarele. Spośród tych początkowych prac do najlepszych zaliczane jest *Polowanie par force w Łańcucie*, wzorowane na kolorowych sztychach angielskich.

Początkowo zarabia na życie retuszując fotografie i wykonując prace ilustratorskie. Wyjeżdża do Paryża, gdzie chciał studiować pod kierunkiem Horace Verneta, popularnego batalisty. Ponieważ Varnet nie prowadził „szkoły", zwiedza muzea, kopiując znanych mistrzów. Po powrocie do Warszawy obejmuje kierownictwo artystyczne w „Tygodniku Ilustrowanym". Praca ta, chociaż poprawiła poziom pisma, zajmuje Kossakowi wiele czasu. Decyduje się na wyjazd do Monachium, gdzie studiuje w pracowni Franza Adama, a jednocześnie styka się z całą polską grupą malarską. Po roku powraca, a od 1870 r. osiada na stałe w kraju.

Ośnieżone pole, smycz nasłuchujących chartów i skupiona sylwetka jeźdźca na gotowym do biegu koniu; innym razem charty w akcji dochodzące lisa, a za nimi grupa jeźdźców z siedzącą po damsku amazonką na czele, w końcu polowanie w górach, gdzie są i konie, i zaczajeni w skałach górale, jest wreszcie grupa myśliwych odpoczywających po całodziennych wrażeniach przy ognisku i herbacie, chyba jednak nie tylko herbacie, bo obok stoi karafka i kubki z rozgrzewającym trunkiem — to tematy prezentowanych drzeworytów. Działalność ilustratorską Kossaka oceniono tak, że gdyby nie Kossak, nie byłoby *Roku myśliwca* Pola, dopiero jego drzeworyty nadały utworowi pełnię życia.

Do jednej z najwyżej ocenianych prac malarza zaliczane jest *Polowanie w Poturzycy* (1855 r.), wspaniała kompozycja, myśliwych, psów, koni. Pełen ruchu i radości jest *Wyjazd na polowanie z sokołami (1876).*

Juliusz Kossak malował bardzo dużo. Dopiero w ostatnim okresie życia zaczął powtarzać tematy, wielki talent samouka zaczął się wyczerpywać.

Zaprzyjaźniony z Juliuszem Kossakiem był Franciszek Kostrzewski (1826 - 1911). Pochodził z warszawskiej rodziny urzędniczej. Po przeniesieniu się rodziców w Sandomierskie, Kostrzewski uczył się w Warszawie. Był młodzieńcem żywiołowym, nawiązującym łatwy kontakt z ludźmi, obdarzonym wielką radością życia. Rysował to, co widział wokół siebie. Po ukończeniu szkoły średniej próbował, bez efektu, kariery urzędniczej. Później zaczął studiować w Szkole Sztuk Pięknych, ale nie wytrwał tu długo. Pociągało go życie toczące się poza murami szkoły. Pewnego dnia, jak pisze: „Rzuciwszy reisbret z zaczętym golasem (trochę mnie nudziły modele na serio traktowane) wolałem się zwrócić do prawdy tkwiącej w naturze".

Stał się łowcą typów warszawskich i podobnie jak J. Kossak ilustratorem czasopism. W ilustracji wspaniały satyryk, sam mieszczanin, wyśmiewał mieszczaństwo i dorobkiewiczowstwo. Ofiarą jego żartów padali często myśliwi.

Tematykę rozpoczętą przez J. Kossaka kontynuował również Józef Brandt (1841 - 1915). Chociaż obu artystów dzieliła różnica wieku, Kossak pomógł Brandtowi zrozumieć własny temperament malarski, a znajomość przerodziła się w długotrwałą przyjaźń. Kossak wprowadził Brandta w świat stepów, zresztą razem podróżowali po Ukrainie i Podolu. Krainy te, ożywione pełnymi ekspresji postaciami ludzi i koni, w pochodach wojennych, potyczkach i bitwach staną się od tej pory ulubionym tematem malarza. Po pierwszych niemal amatorskich wystawach w Warszawie, które zostały życzliwie przyjęte przez publiczność i krytykę, wyjechał Brandt na studia malarskie do Monachium. Tam zdobył szybko uznanie, zadomowił się i spędził większą część życia.

W późniejszym okresie twórczości Brandta, sceny myśliwskie przeważają nad batalistycznymi. Były dwie przyczyny tego stanu rzeczy. Zaczynały się już wyczerpywać twórcze możliwości malarza, a ta tematyka pozwalała mu wyzyskać dawne umiejętności formalne. Jednocześnie po ślubie w 1877 r. stał się wielbicielem Orońska, podradomskiej miejscowości, gdzie spędzał co roku wakacje, kończące się wielkim polowaniem.

Najwyżej cenionymi przez krytykę obrazami o tematyce łowieckiej są: *Wyjazd Jana Sobieskiego na polowanie* i *Powrót z polowania*.

Do czołowych przedstawicieli realizmu w malarstwie polskim XIX w. należy Maksymilian Gierymski (1846 - 1874). Po ukończeniu Gimnazjum Realnego w Warszawie zapisał się na wydział mechaniczny Instytutu Politechnicznego w Puławach. Tam zastało go powstanie 1863 r., w którym brał czynny udział. Po powstaniu powrócił do Warszawy, gdzie podjął studia w Szkole Głównej, ale jednocześnie uczęszczał do Klasy Rysunkowej, powstałej na miejsce zamkniętej Szkoły Sztuk Pięknych. Od 1865 r. poświęcił się całkowicie studiom malarskim, korzystając między innymi z pomocy Juliusza Kossaka. Po uzyskaniu stypendium, wyjeżdża do Monachium. W obrazach Gierymskiego występuje pejzaż wzbogacony scenami z polowania. Szczególnie upodobał sobie artysta polowanie par force. Obraz *Polowanie par force na jelenia*, malowany w Rzymie w 1874 roku jest obrazem ostatnim, zamykającym życie i twórczość Gierymskiego. Obraz pełen dynamiki ruchu i światła, jakby autor wierzył w powrót do zdrowia. Jednak nieubłagana choroba płuc zabrała tego niespełna trzydziestoletniego artystę. Część jego dorobku znajduje się w muzeach polskich, część, niestety, jest rozproszona po świecie. Warto może przytoczyć, jako ocenę łowieckiej części twórczości Gierymskiego, słowa Haliny Stępień, komisarza monograficznej wystawy Gierymskiego w 1974 r. w Warszawie: „Sceny z polowań, właściwie tylko pretekstowe «fêtes galantes» z lat 1871 - 1872 i 1874 nie powierzchowną myśliwską narracją innych malarzy, a urzekającą prawdziwością scenerii wciągają w głąb obrazu, w jesienny znany pejzaż nasycony światłem i kolorem. Kompozycje te bardziej niż inne wyzwalały swobodę barwy i dekoracyjność rozwiązań, jak gdyby prowokowane samą umownością tematu. Wydaje się, że dla artysty te kostiumowe *Wyjazdy* i *Powroty z polowań*, spotkania towarzyskie i kawalkady, spełniały rolę malarskiej metafory, odpowiadając na tendencję historyzmu swojej epoki".

Bliskie sercu myśliwego jest też malarstwo Józefa Chełmońskiego (1849 - 1914). Malarz, pochodzący z podupadłej rodziny szlacheckiej, rysował od dzieciństwa. Pierwsze „nauki malarskie" pobierał w warszawskiej Klasie Rysunkowej i pracowni Wojciecha Gersona, którego wpływ przetrwał w jego twórczości pomimo późniejszych studiów w Akademii Monachijskiej i długoletniego pobytu w Paryżu, gdzie odnosił największe sukcesy. Tematem jego twórczości był pejzaż i sceny rodzajowe z życia wsi polskiej i ukraińskiej. Powstanie 1863 r. wywarło na młodego chłopca ogromny wpływ, często więc i ten temat powraca w licznych obrazach. O malarstwie myśliwskim Chełmońskiego tak pisze Maciej Masłowski w *Żywocie Chełmońskiego*: „Chełmoński malował szczególnie w okresie paryskim niemało obrazów o tematyce łowieckiej, ale sam — wielki miłośnik zwierząt — tęgim myśliwym nie był. Taki znawca łowiectwa staropolskiego, jak Juliusz Kossak krzywił się w jednym z listów, że „Chełmoński na swoich rysunkach trokował lisy za skoki, co nie mówi za jego znajomością najzwyczajniejszego myślistwa", bo „polując z chartami torby się nie bierze na siebie, bo jest od tego siodło z trokami, do którego się wszelakiego kota za skoki, lisa zaś za łeb przytrokuje".

Edward Krasiński w swoich pamiętnikach *O Radziejowicach i ich gościach niektórych* cytuje zabawne zdarzenie z polowania artysty: „Zaprosiła matka na polowanie Chełmońskiego, wbrew radom ojca, który wiedział, że wielki artysta nie bardzo umie obchodzić się z bronią. Zaraz w pierwszym kotle postrzelił Chełmoński sąsiada lekko śrutem w ucho. Dostrzegł to Rembowski, wielki myśliwy, i w niesłychanym oburzeniu krzyczeć począł na cały głos: «sztachety ci malować i szyldy smarchu, a nie polować!» Chełmoński zbladł, rzucił strzelbę nieprzytomny w podorywę i prosto z pola jak stał, umknął kłusem, gnany przerażeniem do niedaleko położonej swej Kuklówki".

Artysta zmarł w Kuklówce 6 kwietnia 1914 r. żałowany i jako człowiek, i jako artysta. Pozostały po nim niezapomniane *Żórawie, Kuropatwy na śniegu, Zjazd na polowanie, Krajobraz z Podola, Zając wśród zboża* czy urzekająca nastrojem *Noc na Ukrainie*.

Tematy łowieckie z zamiłowaniem podejmował również Alfred Wierusz-Kowalski (1849 - 1915). Urodzony w Suwałkach, gdzie ojciec prowadził Kancelarię Ziemską, po powstaniu styczniowym przenosi się z rodzicami do Kalisza, gdzie zaczął uczyć się rysunku. Później spędził dwa lata w Klasie Rysunkowej Wojciecha Gersona, a następnie wyjechał do Drezna, Pragi, a w końcu do Monachium, gdzie przebywała już duża grupa polskich artystów. Studiował w pracowni Józefa Brandta, wkrótce podjął samodzielną pracę. Najczęściej malował sceny rodzajowe z życia polskiej wsi, dworków i małych miasteczek. Jego zimowe pejzaże, ożywione wilkami, myśliwymi, egzotyczne dla zachodnioeuropejskiego odbiorcy, zyskały mu ogromną popularność. Zdobywał medale na wystawach malarskich, obrazy jego docierały nawet do Stanów Zjednoczonych. Szczególnie „eksploatowany" był przez artystę temat: Wilki napadające na sanie, który znajdował zawsze chętnych nabywców. Krytyka wysoko ceniła *Powrót z polowania* i *W lutym na Litwie*, a także *Kłusownik oprawiający sarnę, Na polowanie* i *Na stanowisku*.

Jednym z najwybitniejszych malarzy polskich, w twórczości którego łowiectwo odegrało ogromną rolę, był Julian Fałat (1853 - 1929). Urodził się w Tuligłowach w Małopolsce. Był synem organisty. Uczył się w gimnazjum w Przemyślu, ale nie skończywszy go przeniósł się do Krakowa, gdzie tytułem próby został przyjęty do Szkoły Sztuk Pięknych. Były to ze względów finansowych trudne lata. Malarz dosłownie żył w nędzy. Okres ten wspomina Fałat w swoich pamiętnikach: „... akwarelistą zostałem tylko wskutek tego, że w pierwszych latach swej artystycznej kariery nie miałem możności nabycia farb olejnych. Później, kiedy miałem już i farby olejne, nabyta wprawa zawracała mnie na powrót do akwareli, dawało mi to również możliwość szybszego zarobkowania, a okazało się to bardzo przydatnym, gdy później przerzuciłem się na tę technikę". Trzeba było przerwać studia i podjąć pracę zarobkową. Pracował jako kreślarz, trochę jako rysownik w Odessie, Zurychu i Monachium, a nawet jako technik przy budowie linii kolejowej w Szwajcarii.

W roku 1882 artysta przyjeżdża do Warszawy. W dwa lata później wybrany zostaje członkiem zwyczajnym Müncher Kunstverein oraz drugim wiceprezydentem Towarzystwa Przyjaciół Sztuk Pięknych w Krakowie. W tym samym roku odbywa podróż dookoła świata. Jej efektem jest wystawa szkiców w roku następnym.

W lutym 1886 r. Fałat uczestniczy w polowaniu w Nieświeżu u księcia Radziwiłła. Poznaje wówczas Wilhelma Pruskiego i jesienią wyjeżdża na jego dwór. Bierze udział w polowaniu w Hubertusstock. W roku 1892 na Międzynarodowej Wystawie Sztuki w Berlinie, za całokształt twórczości zdobywa wielki złoty medal. Jest współautorem panoramy *Berezyna*. W roku 1895 zostaje rektorem Szkoły Sztuk Pięknych w Krakowie, a w roku 1925 jej honorowym profesorem. Organizuje liczne wystawy, wiele podróżuje. Z okazji 75-lecia w roku 1928 odznaczony Wstęgą Komandorii Orderu Polonia Restituta. Tak w ogromnym skrócie wygląda droga życiowa i twórczości Juliana Fałata. Nas jednak najbardziej interesują jego związki z łowiectwem. Dlatego warto zacytować fragment z pamiętnika artysty po polowaniu w 1886 roku w Nieświeżu.

„Cały świat oszroniony: wkrótce także konie i furmani, myśliwi i sanie — wszystko zharmonizowane powłoką szronu, jakby przez największego malarza. Patrzę, podziwiam i utrwalam w mózgu wrażenia nowego świata... Jedziemy przy akompaniamencie kilkudziesięciu dzwonków, drogą szeroką, o podwójnym rzędzie stuletnich chyba, oszronionych brzóz... Już późnym wieczorem mijamy zasypane śniegiem miasteczko Kleck... Drogę do Radziwillmont wskazują płonące ognie... Przed gankiem szereg radziwiłłowskich myśliwych w pełnym rynsztunku i pochodniami w rękach... Para, buchająca z otwartych drzwi i ze zbieganych koni, dymy pochodni i łuczyw, zbiorowisko tych sań i sanek, nawołujące się głosy...".

Następnego dnia: „Przesiadamy się z wygodnych sań zamkowych na chłopskie sanki, pełne siana i zaprzężone w jednego konika w charakterystycznych hołoblach... — po chwili mkniemy wyciągniętym kłusem przez zaśnieżone równiny ku ciemnej linii lasu, widnej na horyzoncie. Ta kawalkada będzie niezrównanym tematem do pierwszego obrazu — wprost trudno się oprzeć tej malowniczości linii, charakterystyce koni, sanek i ludzi... Dotarłszy wreszcie do lasów i ostępu, natykamy się na całe tabory sanek myśliwskich i na wielką ilość naganiaczy, grzejących się przy niezliczonych ogniskach. Jest już niedaleko południe, więc bez straty czasu zajmujemy stanowiska w ostępie... Z głębi lasu dochodzi nas głuchy pomruk, następnie słychać strzały... to naganka ruszyła... Chwilami milknie wszystko — potem znowu pomruk wpada w forte... Słyszymy już jakieś sapanie i stąpanie po sypkim a głębokim śniegu — potem zaś, na jakie 50 kroków przed nami ukazuje się jak węgiel czarna, ruchoma masa, która zbliża się szybko... w parę sekund później niedźwiedź trafiony śmiertelnym strzałem... przewraca się na zwaloną kłodę, a potem zsuwa się z niej farbując szkarłatem niepokalany śnieg... Cudny zachód słońca ozłocił śnieg, drzewa, dymy i ludzi. Całość sprawiała wrażenie scenerii jakiegoś finału opery: słońce, drzewa i olbrzymie wykroty, bagniska i słupy dymu, napływające ciągle jeszcze fale ludzi i psów, odgłosy trąb zwołujące zbłąkanych".

Radziwiłłowskie łowy tego czasu były ostatnimi echami dawnych wielkich polowań, które mogły odmienić duszę człowieka i tak się stało.

Dalej Fałat pisze: „Wróciłem do Warszawy innym artystą — przeżycie czterech tygodni w puszczy zasypanej głębokim śniegiem... wśród zmieniającej się wciąż scenerii, tłumy naganki, malowniczość ostępów, tężyzna myśliwych, charakterystyka niezwykłych postaci — wszystko to znalazło wyraz w moich obrazach i szkicach, w których pokazałem swój pełny rozmach".

Efektem udziału w polowaniu w Nieświeżu było dwadzieścia dziewięć akwarel. W dwa lata później (1888) powstaje obraz olejny na płótnie *Polowanie na niedźwiedzia*, a w 1892 roku, jedno z najwspanialszych dzieł Fałata — obraz olejny *Powrót z polowania na niedźwiedzia*. Płótno to wystawione w Wiedniu w 1893 r., odznaczone zostało złotym medalem.

Do najbardziej interesujących dzieł o tematyce myśliwskiej zaliczyć można akwarele: *Naganka*, *Polowanie-naganka*, *Na niedźwiedzia* (gwasz), *Polowanie w Nieświeżu z Cesarzem Wilhelmem II*, *Oszczepnicy*, *Jeleń w parku*, *Po polowaniu*, *Głuszec w lesie o zachodzie słońca*, *Jeleń w pejzażu wiosennym* i litografię *Polowanie na łosie*. Natomiast najbardziej znane obrazy olejne o tej tematyce, oprócz już wspomnianych, to: *Krajobraz z łosiami*, *Odpoczynek myśliwych w lesie*, *Wyjazd na polowanie*, *Powrót z polowania*, *Powrót z polowania z łosiem*, *Łoś i wilk w lesie zimą*.

Spadkobiercą malarskich tradycji Kossaka został syn Wojciech. Rysować zaczął wcześnie, ale miał duże kłopoty w szkole, tak że przerwał naukę i został zapisany do Szkoły Sztuk Pięknych w Krakowie. W dwa lata później wyjechał na dalsze studia do Monachium (1873 r.). Wcześnie zaczyna zamieszczać rysunki w „Kłosach" i „Tygodniku Ilustrowanym". Początkowo wzorami były prace ojca. Następny etap studiów malarskich to Paryż. Po pięciu latach, mając już za sobą kilka wystaw, powraca młody Kossak do Krakowa. Cały czas intensywnie pracuje. Spotykają go pierwsze zaszczyty. Jeden z obrazów zakupił Franciszek Józef, a później zaprosił go na cesarskie polowanie w Gödöllo pod Budapesztem. Tam powstał olbrzymi obraz z udziałem trzydziestu osób, psów i koni *Polowanie par force w Gödöllo* (1887).

Wojnę światową spędził w wojsku, nie przestając malować. Jak pisze Kazimierz Olszański: „Duży talent realistyczno-odtwórczy, gruntowna znajomość realiów wojskowych, wyobraźnia kompozycyjna i rozmach dekoracyjny predestynowały Kossaka do plastycznego utrwalenia wojennej przeszłości Polski". Stąd chyba słuszny przydomek „malarza nadwornego wojska polskiego". Wśród tej bogatej twórczości batalistycznej, przewija się również temat łowiecki. Są to bądź sceny z polowań, szczególnie konnych, bądź portrety myśliwych, a wśród nich *Za odyńcem*, *Ucieczka koni przed wilkami*, *Portret hr. Ciltadini w stroju amazonki*.

Niestety, ciągłe kłopoty finansowe zmuszają artystę do malowania wielu replik, obrazów nie dopracowanych, co zmniejsza znacznie wartość całego dorobku artystycznego. Nie doczekał Kossak, jak marzył, pogrzebu z paradą wojskową. Zmarł w czasie okupacji w 1942 r.

To byli ci najwięksi. Obok nich wielu mniej sławnych.

Najpierw więc January Suchodolski (1797 - 1875), malarz batalista. Kształcił się w Rzymie, był uczestnikiem powstania listopadowego. Wśród około trzystu prac, które pozostawił, jest również *Polowanie na jelenia*.

Feliks Brzozowski (1836 - 1892) był znany głównie jako ilustrator „Kłosów". Pozostawił po sobie również obrazy olejne o tematyce łowieckiej: *Po deszczu*, *Po deszczu jesienią*, *Pejzaż leśny*.

Dziełem lwowskiego malarza Tadeusza Rybkowskiego (1848 - - 1926) był obraz *Polowanie*.

Władysław Czachórski (1850 - 1911) studiował w Warszawie, Dreźnie i Monachium, gdzie później został wykładowcą. Malował drobiazgowo wykończone sceny salonowe z pięknie ubranymi w atłasy, jedwabie i koronki kobietami. Podobnie wykończona jest jego *Martwa natura z czaplą*.

Sceny batalistyczne, rodzajowe i z polowań malował Jan Chełmiński (1851 - 1925), kolekcjoner i współzałożyciel Towarzystwa Opieki nad Sztuką Polską w Rzymie. Pozostały po nim między innymi obrazy olejne: *Jeździec z psami*, *Wyjazd na polowanie*, *Polowanie z chartami zimą*.

Obrazy z polowań pozostawił po sobie również Tadeusz Ajdukiewicz (1852 - 1916), uczeń krakowskiej Szkoły Sztuk Pięknych i Brandta. Osiadł na stałe w Wiedniu. Do najlepszych jego obrazów zalicza się *Scenę z polowania*, *Branicki na polowaniu*, *Po polowaniu*.

Jest jeszcze batalista Jan Rosen (1854 - 1936) autor *Polowania par force w Chantilly* i Michał Wywiórski (1861 - 1926), którego dziełem są obrazy: *Pożarowa, Kaczorowe błoto* i *Jeleń w lesie* i wielu innych, już prawie zapomnianych, których urzekła polska przyroda i polowanie.

Tak zamknął się wiek dziewiętnasty, wiek, który dla literatury i malarstwa o tematyce łowieckiej nie miał sobie równych.

3. Dwudziestolecie międzywojenne

Historyczny moment odzyskania przez Polskę niepodległości postawił i przed łowiectwem nowe zadania. Pierwszym z nich było uporządkowanie sytuacji organizacyjnej, która wymagała pilnego uregulowania i ujednolicenia.

Wchodzą więc na scenę nowi, czy lepsi — to ocenią inni. Nowe prądy w sztuce nie bardzo odpowiadają tematowi łowieckiemu. Rozwija się jednak grafika łowiecka i nowa dziedzina sztuki — fotografia. Organizowane są liczne wystawy. W dziedzinie literatury, zwłaszcza beletrystycznej, kontynuowane są wspaniałe tradycje dziewiętnastowieczne, rozwija się również literatura fachowa. W okresie międzywojennym wydano ponad trzysta pozycji książkowych, w tym kilkadziesiąt pozycji literatury fachowej, kilkanaście monografii przyrodniczo-łowieckich, ukazuje się także wiele prac z dziedziny historii łowiectwa. Bardzo ważną rolę spełniają czasopisma łowieckie.

Ludzie, którzy wnieśli największy wkład do skarbnicy literatury o tematyce łowieckiej okresu międzywojennego, to przede wszystkim: Bogdan Dyakowski, Władysław Gürtler, Julian Ejsmond, Włodzimierz Korsak, Stefan Krzywoszewski, Mieczysław Mniszek-Tchórznicki, Ludwik Niedbał, Władysław Janta-Połczyński, Jan Sztolcman, Kazimierz Wodzicki, Stanisław Zaborowski i Witołd Ziembicki. Na oddzielną uwagę zasługują prace językoznawcze Stanisława Hoppego.

Pokrótce chociażby postaramy się przedstawić ich dorobek.

Bogdan Dyakowski (1864 - 1941) przyrodnik i literat. Po ukończeniu studiów na Wydziale Matematyczno-Przyrodniczym Uniwersytetu Warszawskiego, uczył przyrody w szkołach warszawskich. W roku 1896 na skutek choroby płuc przerwał pracę pedagogiczną i przeniósł się do Zakopanego, gdzie przez kilka lat pełnił funkcję sekretarza Muzeum Tatrzańskiego, zajmując się jednocześnie działalnością literacką. W roku 1926 objął zlecone wykłady dydaktyki botaniki na Studium Pedagogicznym Uniwersytetu Jagiellońskiego. Był jednym z współzałożycieli Ligi Ochrony Przyrody, prezesem Oddziału Krakowskiego tej organizacji, a przede wszystkim wybitnym propagatorem idei ochrony przyrody w Polsce. Twórczość piśmiennicza B. Dyakowskiego obejmuje blisko pięćdziesiąt książek, wśród których przeważają dzieła popularnonaukowe i podręczniki przyrodnicze. Książki jego były wielokrotnie wznawiane. I tak: *Nasz las i jego mieszkańcy* (1896) do roku 1946 doczekała się siedmiu wydań; *Z naszej przyrody* (1903) wydawana była wielokrotnie. Za najwybitniejsze osiągnięcie uznawany jest *Atlas państwa zwierzęcego* (1903 - 1926) i *Historia naturalna*. Dużą popularnością wśród myśliwych cieszyła się wydana w roku 1925 książka *O dawnych łowach i dawnej zwierzynie*. Na ponad dwustu stronach zawarł autor omówienie łowiectwa w czasach minionych, poświęcając wiele miejsca psom, sokołom, żubrom, niedźwiedziom, turom, a także językowi, przysłowiom i zabobonom myśliwskim. Jak pisze Dyakowski: „Po skończonych łowach myśliwi przy posiłku opowiadali sobie nawzajem różne przygody łowieckie. Opowiadano tam wówczas rzeczy prawdziwe, ale też i zmyślone zarazem porządnie, układając najnieprawdopodobniejsze historie w części przez samolubstwo, dla popisania się bohaterskimi czynami przynajmniej językiem, w części jedynie dla zabawienia i rozweselenia towarzyszy. Historie te bywały nieraz tak fantastyczne, że nikomu nawet nie przychodziło do głowy uwierzyć opowiadającemu, wszyscy jednak słuchali go z przyjemnością.

W opowiadaniu takich niezwykłych historii i przygód celował książę Radziwiłł „Panie Kochanku", a wszystkie one jakoby jemu samemu miały się przytrafić. Wśród nich zdarzały się opowiadania i o niedźwiedziach, na które książę istotnie dużo polował, ale... nie w taki sposób, jak opowiadał.

„Wiecież waszmość panowie — mówił on pewnego razu — jakiego sposobu używam na chwytanie żywcem niedźwiedzi? Oto, panie kochanku, obstawiam knieje wozami, których dyszle smaruję miodem jak najgrubiej. Miś, panie kochanku, węch ma nie lada, zwłaszcza do miodu, który, jak wiecie, pasjami lubi.

Zwęszywszy tedy przysmak, wysuwają się z matecznika jeden po drugim, zaczynają zlizywać miód od początku dyszla coraz dalej i w taki sposób same się nawłóczą na dyszle, niby paciorki na sznur jedwabny. A nawlókłszy się, są, panie kochanku, bezbronne. Ja wtedy, panie kochanku, bez żadnej obawy ściągam niebożęta z dyszlów. Bywa, że po kilka tysięcy niedźwiedzi w taki sposób schwytanych do Smorgoń królowi cygańskiemu posyłam.

Dawni myśliwi lubili nie tylko opowiadać różne prawdziwe lub zmyślone anegdoty łowieckie, ale także urządzać najrozmaitsze figle na ucztach po polowaniu, abo nawet na samem polowaniu.

Ofiarą takich figlów padali przede wszystkim fryce, czyli młodzi, niedoświadczeni myśliwi, którzy pierwszy raz uczestniczyli w łowach. Figle takie były nawet uświęcone tradycją myśliwską i odbywały się w pewien, ściśle określony sposób, a przejść przez nie musiał każdy fryc, czy się sprawiał źle czy dobrze, czy się okazał mężem czy tchórzem, czy spudłował do zwierzyny, czy też trafił ją celnie. Zależnie tylko od jego zachowania się, zmieniał się charakter frycowego, ale musiało ono odbyć się koniecznie.

Jeżeli chybił, to mu obmazywano twarz prochem roztartym z wodą; a jeśli znowu zastrzelił zwierzynę, to go smarowano krwią jego ofiary. Na uczcie po polowaniu podawano frycowi pieczeń wilka, dobrze przyprawioną, a gdy zgłodniały złapał się i zaczynał ją jeść, trąbiono i trzaskano z harapów na znak, że w gronie znajduje się fryc, co się nie poznał na wilczej pieczeni.

Frycowe nie zawsze ograniczało się do takich, niejako tradycyjnych obrzędów. Myśliwi o bardziej bujnej fantazji urządzali nieraz nowicjuszom mniej lub więcej pomysłowe a zupełnie oryginalne figle już na samem polowaniu. Figle takie urządzano zresztą i nie nowicjuszom".

Władysław Gürtler von Kleborn (1872 - 1944) — pedagog i pisarz myśliwski. Studia nauczycielskie ukończył we Lwowie, gdzie studiował także malarstwo pod kierunkiem prof. Pietsha i S. Batowskiego. Uczył w seminariach nauczycielskich we Lwowie, Zaleszczykach, Lublinie i Rzeszowie. W latach 1917 - - 1918 jako wojskowy inspektor przy szkole IV Armii austriackiej organizował szkoły polskie na Wołyniu. Będąc bystrym obserwatorem przyrody i propagatorem prawidłowego łowiectwa, rozwijał w tym kierunku szeroką działalność głównie na niwie literatury i piśmiennictwa łowieckiego. Działał społecznie w Towarzystwie Ornitologicznym, Towarzystwie Myśliwych w Rzeszowie i Małopolskim Towarzystwie Łowieckim. Za tę działalność Polski Związek Łowiecki nadał mu złoty medal „Za zasługi na polu piśmiennictwa łowieckiego i wybitną działalność w dziedzinie łowiectwa".

Pisał do prasy łowieckiej, redagował kalendarze myśliwskie. Artykuły ilustrował często własnymi rysunkami. W roku 1917 wydał książkę *Obrazki myśliwskie*, a w 1928 — *Nasze skrzydlate drapieżniki (gołębiarz, krogulec, sokół wędrowny)*. Z okazji pięćdziesięciolecia Towarzystwa Myśliwych w Rzeszowie opracował w 1925 roku pozycję poświęconą temu jubileuszowi. W roku 1930 w Warszawie wydał *W polu i w lesie*. Praca ta nagrodzona została na konkursie Polskiego Związku Stowarzyszeń Łowieckich.

Książka zawiera osiem rozdziałów: Znaczenie łowiectwa pod względem ekonomicznym, Przygotowanie terenów pod względem łowieckim, Tępienie drapieżników, Hodowla zwierzyny łownej, Krótki zarys tresury psów myśliwskich, Przygotowanie i urządzanie polowań wiosennych, letnich, jesiennych i zimowych, Obowiązki i sposób zachowania się służby leśnej przed, podczas i po polowaniu, Rota przysięgi i jej znaczenie.

Autor książki oparł się na bogatej literaturze, ale przede wszystkim na długoletnim własnym doświadczeniu. Praca miała na celu zaznajomienie myśliwych z prawami rządzącymi przyrodą, z organizacją bezpiecznych polowań, ale przede wszystkim wpajała zasady etycznego łowiectwa.

„Z dniem 1 września zaczynają się jesienne polowania na kuropatwy, przepiórki i bażanty-koguty.

Na kuropatwy najprzyjemniej poluje się z dobrym legawcem; polowanie z naganką wymaga już znacznej ilości tych ptaków i odpowiedniego terenu.

Rzeczą służby łowieckiej będzie wyszukiwanie stad, a prawidłowego myśliwego — ostrzeliwanie tylko stad dużych, z pilnym baczeniem, aby nie pozbawić życia starego koguta-przewodnika, opiekującego się skutecznie młodymi, niedoświadczonymi kuropatwami w krytycznych sytuacjach, a przede wszystkim w zimie. Strzelać się powinno tylko młode kury i nigdy nie palić w «kupę».

Koguta poznać łatwo po wielkości i po tym, że zwykle pierwszy wzlatuje i głośno się oznajmia.

Wobec tego, że przepiórce grozi obecnie zupełny zanik, należy ją oszczędzać i nie polować na nią.

W jesieni mamy jeszcze następujące rodzaje łowów: na jelenie na rykowisku, na dziki z czatami, kopanie borsuków, na zające z naganką i na pomyka, na kaczki z podrywu, na zlotach i przelotach, na bażanty, cietrzewie i słonki z naganką, i na jarząbki z wabikiem.

Jest wprawdzie jeszcze wielu amatorów polowania na zające na tzw. «pomyka» w październiku, ale ono, jako nadzwyczaj prymitywne i łatwe, i dlatego niszczące, powinno jak najrychlej zniknąć z programu prawidłowego myśliwego. Jeśli zaś niekiedy zastrzelić trzeba w tym czasie szaraka na kuchnię, to niech to uczyni kucharz lub strzelec dworski, uzbrojony zresztą nawet w kij, ale nie rzetelny myśliwy. Z ubolewaniem podnieść tu należy i to, że przy takim polowaniu giną najczęściej zajęczyce i to od młodych!

W drugiej połowie listopada zaczynają się już polowania zimowe, najwydatniejsze, zawsze urozmaicone i dla zdrowia bardzo korzystne".

Ostatnia praca *Szlakiem myśliwskiej przygody* wydana została w 1937 r. w Warszawie.

Julian Ejsmond (1892 - 1930) — poeta, bajkopisarz, nowelista myśliwski. Urodził się i wychował w środowisku o wysokiej kulturze artystycznej. Ojciec, Franciszek Ejsmond (1859 - 1931) był znanym w owym czasie malarzem, dyrektorem Towarzystwa Zachęty Sztuk Pięknych w Warszawie (potem prezesem i członkiem honorowym). Malował sceny rodzajowe, w tym także sceny z polowań. Matka — Maria z Wieniawskich Ejsmondowa zajmowała się malarstwem, literaturą i muzyką. Była zamiłowaną łowczynią.

Karierę literacką rozpoczął Julian Ejsmond mając lat jedenaście, natomiast karierę łowiecką — lat trzynaście. Po ukończeniu szkoły w Warszawie rozpoczął studia na Wydziale Filozoficznym Uniwersytetu Jagiellońskiego (polonistyka) w Krakowie. Po przerwie wojennej studia ukończył w Odrodzonej Wszechnicy Warszawskiej. W roku 1919 wstąpił do formującej się armii polskiej i wysłany został do Szkoły Wojennej w Saint-Cyr. W tym samym roku wydał przekład łacińskich utworów Jana Kochanowskiego, za co Ministerstwo Kultury i Sztuki przyznało mu nagrodę literacką. Z Francji wrócił w roku 1920 w randze kapitana i do roku 1923 pracował w Sztabie Generalnym. W latach następnych rozwinął działalność literacką i edytorską. Jednocześnie od 1923 r. prowadził referat prasowy Prezydium Rady Ministrów, a od 1925 — referat łowiecki w Ministerstwie Rolnictwa i Dóbr Państwowych, gdzie zajmował się między innymi przygotowaniem projektu nowego prawa łowieckiego. Dymisjonowany z tego stanowiska i stanowiska redaktora czasopism łowieckich, w pół roku później zginął w wypadku samochodowym.

Był pisarzem na wskroś oryginalnym i wszechstronnym, wysoko cenionym przez krytyków. Nazywano go polskim Kiplingiem. Wśród pisarzy poświęcających swą twórczość tematyce łowieckiej poza Weyssenhoffem i Zaborowskim nie miał sobie równych. Ma również zasłużoną kartę w dziejach publicystyki łowieckiej. W roku 1923 stanął na czele redakcji połączonych czasopism „Przegląd Myśliwski i Łowiectwo Polskie". W roku 1924, gdy wznowiono wydawanie „Łowca Polskiego", Ejsmond prowadził to czasopismo najpierw z Janem Sztolcmanem, a po jego śmierci w 1928 r. z Walentym Garczyńskim. Za jego współredakcji czasopismo wykazywało znacznie większą ruchliwość i wyższy poziom graficzny. Ejsmond redagował również „Biblioteczkę łowiecką", pomyślaną jako cykl monografii o zwierzętach, wydawał kalendarze myśliwskie. W bogatym dorobku literackim pozycje poświęcone łowiectwu zajmują ogromną część. Są to: *Wspomnienia myśliwskie*, Warszawa 1925; *Nosił wilk razy kilka...*, Warszawa 1926; *Wielkie łowy królów polskich*, Warszawa 1926; *Zabobony myśliwskie*, Warszawa 1926; *Skarbiec myśliwego*, Warszawa 1927; *W puszczy (opowieść o sercu zwierzęcym)*, Warszawa 1927 (jej przekład francuski — *En foret*, ukazał się w Paryżu w 1930 r.); *Moje przygody łowieckie*, Poznań 1929; *Ryś w dzisiejszej Polsce*, Kraków 1929; *Żywoty drzew* (druga księga *W puszczy*), Warszawa 1929. Trzecie z cyklu *W puszczy — Księga wód*, nie została dokończona. Nie dokończone zostały również: *Skarbiec myśliwego*, *Historia łowiectwa na ziemiach polskich*, a także monografie słonki i bobra.

Tematykę łowiecką odnaleźć można również w twórczości dla dzieci: *Janek w puszczy*, Zamość 1931; *Mali myśliwi*, Zamość 1931; *Patrząc na moich synków*, Warszawa 1931.

Najciekawsze w myśliwskiej twórczości Ejsmonda są niewątpliwie *Moje przygody łowieckie*. Warto może dodać, że Polska Komisja Międzynarodowej Współpracy Intelektualnej umieściła tę książkę na liście dwudziestu najlepszych dzieł wydanych w roku 1929. Zawarte w nich opowiadania są bardzo różnorodne. Są w nich żywo napisane reportaże i opowiadania pełne refleksji. W sumie jest to ponad sześćdziesiąt opowiadań, które podzielone tematycznie na cztery grupy zgodnie z porami roku w pełni oddają atmosferę pasjonujących przeżyć myśliwskich i uczą patrzeć na przyrodę. Autor dzieli się w nich także spostrzeżeniami z życia i obyczajów zwierząt. Czym było dla Ejsmonda łowiectwo, najlepiej oddaje wstęp do tej książki:

„Żywot łowiecki ma w sobie to niezrównanie rozkoszne, że jest cały stopniowym wcielaniem w życie i ziszczeniem się najczarowniejszych snów. Jawa zaś od tych snów bywa najczęściej stokroć jeszcze piękniejsza.

Od wczesnego dzieciństwa marzymy o naszym pierwszym zającu i pierwszej kuropatwie... I długo potem pamiętamy ów dzień słoneczny pogodnej jesieni, gdy z prawdziwej fuzji po raz pierwszy ubiliśmy prawdziwą zwierzynę... Z jakąż pogardą wyniosłą spoglądamy odtąd na wrony i sroki, przedmiot naszych niedawnych zapędów łowieckich!

A potem następuje ziszczenie się dalszych coraz śmielszych pragnień. Pierwsza kaczka na wieczornym zlocie na wodzie złotej i różowej — o jakże różowej w blasku naszej promiennej radości!

Pierwszy lis — to triumf przebiegłości młodzieńczej nad przebiegłością chytrego zwierza. Pierwszy dzik — to już zdobycie ostróg rycerskich. Pierwszy kozioł w majowy poranek na leśnej polanie z podjazdu... nie strzelony — to pierwsze zwycięstwo w nas poety-myśliwego nad młodym strzelcem.

Zwycięstwo to otwiera nam dopiero cały skarbiec łowieckiej poezji... Sny stają się jawą coraz cudniejszą...

Pierwsze polowanie na wiosennym ciągu na słonki wieczorem — to pierwsza schadzka miłosna myśliwego z dziewiczą przyrodą... Pierwszy cietrzewi tok — to pierwsza nasza noc miłości z ukochaną naturą. A pod pieśnią głuszca — po raz pierwszy posłyszaną — następują zaślubiny na wieki wieków duszy myśliwskiej z duszą puszczy...”.

W Żywotach drzew starał się Ejsmond wniknąć głębiej

w psychikę zwierzęcia. Jest więc w tych opowiadaniach potężny doświadczony Czarny Odyniec i wyrwany z puszczy „uczony" niedźwiedź, walczące o łanię jelenie, potężny nieustraszony żubr i upiorny kruk. Ale jest również rysica, która przeżywa chwile radości macierzyńskiej i chwile dramatyczne, gdy ofladrowana wraz z dziećmi musi stoczyć wewnętrzną walkę i dokonać wyboru:

„Zwalczając mistyczny lęk, wielki kot sadził śmiało ku sznurom — aż rozpędziwszy się, potężnym susem przesadził czerwoną zaporę. Był znowu wolny w wolnej puszczy. Uczuł bezmierną radość dzikiego stworzenia, które wyrwało się z klatki... Nigdy jeszcze puszcza nie wydawała mu się tak piękna. Byle nie oglądać się za siebie... Byle nie zobaczyć straszliwej czerwieni groźnych płacht...

Lecz nagle za sobą w oddali posłyszała bolesne, ciche miauczenie. To młode rysie, przerażone śmiałością matki, wzywały jej pomocy...

Zawołała na nie tak jak ongi, gdy były bardzo małe i bezbronne. Zawołała na nie tak jak w owe dni dawne, kiedy je zwoływała do świeżej, drgającej jeszcze zdobyczy...

Bezskutecznie...

Wówczas najlepsza z matek zdobyła się na bohaterstwo. Bez wahania wróciła do przeklętego miotu, przeskoczywszy z powrotem sznur, aby wyprowadzić swe dzieci na swobodę...

I zaczęło się żmudne, cierpliwe, uparte podprowadzanie młodych rysi do sznurów. Najpierw szły śmiało. Ale w miarę zbliżania się do straszaków opuszczała je odwaga... Czołgały się, pełzły na brzuchach po śniegu... Przywarowywały dygocąc z lęku. I trwożliwie, jak zbite psy, umykały z powrotem w krzaki...

Trzy razy rysica podprowadzała je pod sam sznur, uspokajała, ocierała się o nie miłośnie, mruczała tkliwie, prychała groźnie aż wreszcie śmiałym susem przesadzała groźną i budzącą w niej lęk zaporę... A wówczas młode czołgały się po śniegu w las — z powrotem...

Coraz straszliwszy niepokój przepełniał serce matki. Zrozumiała bolesną prawdę, że młode rysie nie dadzą się wyprowadzić z obieży. Niepokój jej rósł z każdą chwilą. W oczach zapaliły się zielone ognie... wyprężony ogon wskazywał najwyższe napięcie nerwowe...

Poprowadziwszy młode rysie do straszaka, poczęła powoli popychać ku sznurom. Pełnym rozpaczy wzrokiem starała się pociągnąć dzieci za sobą. Daremnie.

Nie zwracały na nią żadnej uwagi, urzeczone widokiem krwawych strzępów.

Skoczyła wreszcie. Potrąciła przy tym sznur, który zakołysał się i załopotał. Wówczas młode rysie uciekły jak oparzone i zginęły w białej gęstwinie.

Czekała. Odezwała się — i czekała znowu. Miała jeszcze nadzieję, że wrócą...

Gdy zaś nie wracały, powoli przystając i oglądając się z rozpaczą poza siebie, zdążać poczęła w las... Cisza była niczym nie zmącona w białej, roziskrzonej w słońcu puszczy... Ani dzięcioł nie zapukał, ani jastrząb nie zakwilił w błękicie. Bór nigdy nie jaśniał taką dziką urodą.

Rysica uchodziła w biały las coraz szybciej — i zaznawała coraz większej rozkoszy z odzyskanej wolności...

Nagle... w milczącej puszczy ozwał się głos myśliwskiej trąbki. Targnął świętą ciszą zimowego boru — napełnił oniemiałe z lęku gęstwiny — uderzył w błękit, głosząc radość łowcom i śmierć zwierzowi w kniei...

Uchodzący z ostępu ryś przystanął. Zrozumiał, że nadeszła chwila wyboru między dziećmi a wolnością... Kochał dzieci miłością pierwotną i ukochał dziką wolność w borze. Pełen bólu wzrok zwracał za siebie, gdzie zostawił młode rysie w otoczonym chorągiewkami ostępie, to znów z bólem spoglądał przed siebie na ukochaną puszczę. Jedno z tych dwojga trzeba było pożegnać na zawsze...

A wtem trąbka odezwała się po raz drugi donośniej i rozgłośniej. Zakrzyknęła naganka. Łowy rozpoczęto.

Rysica przestała się wahać. W ruchach jej znać było teraz nieodwołalne postanowienia. Wybrała swoje większe kochanie. Nawróciła ku niebezpiecznej kniei, gdzie na nią czekały jej dzieci — i śmierć.

Bieg jej stawał się teraz coraz szybszy. Wielkimi susami sadziła wprost ku trybie, na której rozpięto sznur. Przeskoczyła straszak i — zniknęła w groźnym ostępie...".

Swe doświadczenia łowieckie, miłość do przyrody chciał przekazać swoim synkom. W pełnych wdzięku, choć nieco egzaltowanych strofach tomiku *Patrząc na moich synków* pisał:

„Kiedy będziecie już duzi,
moi najmilsi łobuzi,
Tatuś weźmie was
wtedy w ciemny las
O wiośnie...
I po raz pierwszy ujrzycie,
Jak bór się budzi o świcie...
Pierwszy w życiu raz
usłyszycie las
w słońca blaskach zbudzony radośnie...
  Na leśnym dalekim mszarze
  głuszcowy tok wam pokażę...
  Kogut zagra nam!
  Podprowadzę sam
  do drzewa...
  Serce uderzy wam młotem...
  Staniemy nad leśnym błotem...
  Boski ranek ten
  będzie jako — sen!
  Zasłuchacie się, jak głuszec śpiewa! (...)

Niestety, nieubłagana tragiczna śmierć nie pozwoliła urzeczywistnić tych marzeń. Jeszcze w lutym 1930 roku, jakby przewidując tragiczne wypadki, napisał jeden z najlepszych swoich liryków *A gdy przyjdzie godzina mojego zachodu*. Motyw śmierci pojawił się również w jednym z wcześniejszych liryków Ejsmonda, *Pieśń myśliwca*:

„Gdy wybije mej śmierci godzina,
pochowajcie mnie w kniei zielonej,
niech nade mną zaszumi gęstwina
hymn myśliwski radości minionej...
Kiedy wiosna radosna nastanie,
niech nade mną pieśń głuszca posłyszę,
niechaj słonek miłosne chrapanie
do snu moją mogiłę kołysze...
Gdy po letnim szaleństwie jesieni
szczere złoto okryje konary,
gdy nadejdzie cudny czas jesieni,
niech nade mną zagrają ogary...
Na ten głos, mojej duszy tak miły
żar zakipi w sercu wystudzonem —
i ożyję, i wstanę z mogiły,
chwycę broń i polecę za gonem...".

Włodzimierz Korsak (1886 - 1973) myśliwy, rysownik, literat. Gimnazjum skończył w Rydze, a studia rolnicze w Taborze (Czechosłowacja), tam też kształcił się w rysunku pod kierunkiem prof. Stanisława Lenca. W roku 1915 odbył podróż do północnej Persji i Kraju Zakaspijskiego. Pod koniec I wojny światowej wraz z dyrektorem Stanisławem Bilkiewiczem, dyrektorem Muzeum w Aschabadzie, spędził osiem miesięcy w Bucharze, Afganistanie i na wyżynie Hindukusz. W roku 1918 powrócił do Warszawy i zajął się działalnością literacką. W roku 1929 przyjęty został do Związku Literatów.

Jedyną i największą pasją jego życia była przyroda i jej to właśnie poświęcił twórczość literacką. Publikowanie rozpoczął w roku 1904 na łamach „Łowca Polskiego". Były to obrazki przyrodnicze i wspomnienia z polowań. Debiutem książkowym był *Rok myśliwego — Rzecz dla myśliwych i miłośników przyrody*, wydany w 1922 r. W tym samym roku ukazała się kolejna powieść *Na tropie przyrody*. Książka ta wydana była trzy razy w Polsce (1922, 1924, 1969) i w roku 1934 w Czechosłowacji. W roku 1923 wyszły drukiem wspomnienia z podróży do Azji *Ku indyjskiej rubieży*, wydane po raz drugi w 1957 r. W tym samym 1923 roku wydany został podręcznik łowiecki *Venator*, w roku następnym *Pieśń puszczy*, wydana powtórnie w 1926 r. Monografia *Cietrzew* ukazała się w roku 1925. Rok 1934 to monografia *Łoś* i *Dary lasu*, 1936 — monografia *Puszcza Rudnicka*. Ostatnią przed wybuchem wojny książką był zbiór nowel *Leśne ognisko* wydany w 1939 r. (wydanie drugie 1959). Po wojnie, oprócz wznowień, w roku 1969 ukazała się książka dla młodzieży *Las mi powiedział*.

Niewątpliwie najciekwszą pozycją w dorobku Korsaka jest *Rok myśliwego*, ozdobiony przez autora dwustu pięćdziesięcioma rysunkami.

Rok rozpoczyna się w lipcu omówieniem zwierzyny występującej na terenie Polski, rodzajów polowań, zawiera również opisy polowań na kaczki, dubelty, kszyki, kozły. I następnie miesiąc po miesiącu opisuje autor sposoby polowań na poszczególne gatunki zwierzyny, przygotowanie do polowań, broń, amunicję, sposoby wabienia, tropienia, ochronę zwierzyny — czyli wszystko to, co składa się na całoroczny żywot myśliwski.

Nietypowa dla twórczości Korsaka jest dwutomowa powieść *Pieśń puszczy*, gdzie w opis piękna przyrody białoruskiej wpleciony został wątek romansowy, ukazujący problemy społeczne z przełomu XIX i XX w.

Natomiast *Leśne ognisko* — zbiór czternastu opowiadań, opartych na wspomnieniach osobistych i przez niego ilustrowany, jest klasyczną pozycją beletrystyki łowieckiej. Akcja toczy się na początku XX wieku w puszczach kresowych, górach Kaukazu i w Turkiestanie. Opowiadania mają bardzo zróżnicowany charakter. Są tam i refleksyjne rozmyślania (*Leśne ognisko*) i mistyczne wizje (*Majaki*). Są dramatyczne epizody z życia myśliwego (*Dublet*) i opowiadania humorystyczne (*Dziwny wilk*). Z tego ostatniego pochodzi cytowany fragment:

„Był to w całym tego słowa znaczeniu myśliwy z «bożej łaski». Ogromny tułów na pękatych jak beczki nogach, wiecznie spocony, opięty w czesuczową marynarkę dawnego kroju, nie nadawał się na cielesną powłokę dla duszy, przepojonej szlachetną łowiecką namiętnością, ale iskra boża dziwnym zrządzeniem tkwiła w tej obrosłej słojami tłuszczu piersi.

Miewał zabawne przejścia, o których lubił opowiadać z niewzruszoną flegmą swym wolnym, rozwlekłym głosem.

Kiedyś na letniej obławie wilczej miał przygodę, z powodu której wszyscy okoliczni myśliwi drwili zeń przez szereg lat. Sam jednak delikwent śmiał się z niej najwięcej, poczciwie trzesąc olbrzymim brzuchem i opowiadał każdemu, kto tylko chciał słuchać. Dodać należy, że było to w czasie, gdy w zapadłym kącie kraju żadne przepisy łowieckie nie miały wzięcia i gdzie na letniej obławie strzelało się do wszystkiego, co żyje.

— Stoję ja sobie — opowiadał pan Mieczysław — w suchym borze, a wrzosy wokoło ogromne, gdzieniegdzie tylko miejsce światlejsze. Strzelba u mnie loftkami nabita, jak potrzeba na wilki. Aż tu raptem leci głuszec, stary, ogromny, niżej i niżej, i buch — siadł we wrzosie o dwadzieścia kroków ode mnie. I widzę ja jego dobrze, głowa sterczy i jedno oko na mnie patrzy. Tak ja cichutko rękę do kieszeni po śrut. Otworzył strzelbę, wyjął loftki, śrut założył, podnoszę głowę — nie ma głuszca — jak w wodę wpadł! Pobiegł musi na piechotę, we wrzosach skurczywszy się.

— Patrzę ja tu i tam, a tu szare cości ciągnie się po wrzosie. Wilk! Niewielki, młody, tak i pełznie mimo mnie, kroków na piętnaście. Tak ja znowu otwieram strzelbę, wyjmuję śrut, pakuję loftki. Patrzę — a tu wilka ani śladu — tak i przepadł! Cha,

cha, cha! — Wiadomo, gdyby ja do głuszca śrutu nie nabijał, a loftkami jemu zadał — zabiłby, a i wilka z drugiej lufki można było... Ech! i śrutem można było...

W towarzystwie tego to pana Mieczysława odbyłem większość pierwszych mych polowań".

Las mi powiedział — to ostatnia pozycja książkowa w bogatym dorobku Korsaka i przezeń ilustrowana. Napisana dla młodzieży w formie gawęd przyrodniczych, przekazywała szacunek dla przyrody, uczyła ją szanować i kochać. Autor chciał w niej ukazać i przekazać doświadczenie całego swojego życia. Książka kończy się taką oto refleksją:

„Las mi powiedział: czemu wy, ludzie, jesteście nieraz tak smutni, bezradni? Czemu myślicie tylko o swoich troskach, biedach i udrękach? Bo zapomnieliście o Matce-Przyrodzie, która mogłaby was przytulić, pocieszyć, wskazać właściwą drogę. Boście odeszli daleko od przyrody. Boście tę swoją Matkę-Przyrodę porzucili, Matkę, która was przed milionami lat na świat wydała, która was karmiła i odziewała, która z was zrobiła — ludzi".

Kiedy Korsak odchodził do Krainy Wiecznych Łowów, w wielkiej samotności, miał lat osiemdziesiąt siedem, z czego osiemdziesiąt, jak sam mówił, poświęcił na podpatrywanie i poznawanie przyrody, której piękno starał się przekazać przyszłym pokoleniom na kartach książek, rysunkach i fotografii. Jak mało który artysta potrafił w swej twórczości utrwalić klimat spotkań człowieka z przyrodą. Był też człowiekiem o niezwykłej prawości i kulturze osobistej. Czym był dla łowiectwa, wystarczy dodać, że jako jeden z pierwszych i nielicznych otrzymał przed wojną (1934) najwyższe odznaczenie łowieckie „Złom", a po wojnie godność członka Honorowego PZŁ. Wraz z odejściem Włodzimierza Korsaka zamknęła się, oby nie bezpowrotnie, epoka wielkich twórców polskiej kultury łowieckiej.

Stefan Krzywoszewski (1866 - 1950) był z zamiłowania myśliwym, jego pasjami zawodowymi było dziennikarstwo i teatr. Wydał wprawdzie tylko jedną książkę o tematyce myśliwskiej — *Z przeżyć i wrażeń myśliwskich* (1927). Książka ta jest nie tylko interesującym zbiorem dwunastu opowiadań myśliwskich. Walor jej podnoszą znakomite, nastrojowe rysunki Kamila Mackiewicza, który niejednokrotnie towarzyszył autorowi w czasie polowań.

Wiosna na Pińszczyźnie, *Na głuszcach w Białowieży*, *Polowanie na zające w Skałacie*, *Jarząbek*, *Na grubego zwierza*, *Pan Stachurski* — wszystkie te opowiadania pisane są z ogromnym talentem, zdradzającym wytrawnego dziennikarza, są reportażami z kolejnych wypraw myśliwskich, spotkań z ludźmi i zwierzyną. Cytowany fragment pochodzi z opowiadania *Pan Stachurski:*

„Z młodzieńczych lat zostało mi w pamięci żywe i ciepłe wspomnienie o takim kłusowniku, który pierwszymi mymi krokami, jako myśliwego kierował. Nazywał się Stachurski, mieszkał kątem wraz z córką i siostrą u Kiełkonia, jednego z gospodarzy-chłopów w wiosce, należącej do mego brata. Brat mój nie był myśliwym i mało dbał o łowiectwo. Stachurski był cudownym dostawcą zwierzyny. Potrzebny był do kuchni zając, kilka kuropatw, czy nawet, z okazji jakiejś większej uroczystości, comber sarni — posyłano do Stachurskiego. Wezwanie nigdy prawie nie chybiało. Stary kłusownik spod ziemi umiał wydobyć kuropatwę czy zająca — i zawsze już tak dziwnie się składało, że nieszczęśliwy koziołek (któż tam sprawdzał zresztą dokładnie płeć czworonoga!) wyszedł o zmierzchu z lasów rządowych na «naszą» łąkę i padał, celnym strzałem rażony (...)

Rzetelny myśliwy nie może się obyć bez psa. Stachurski zawsze ma jakiegoś «pieska». Bywają to kundle najróżniejszych wielkości, barwy i kształtów, zawsze jednakowo i przeraźliwie chude, i na zwierzynę «pażerne». Co rok niemal Stachurski z psem (czasem i z fuzyjką) miewa nieszczęśliwe wypadki. Psa, żerującego po polach lub w lesie, ustrzela mu gajowy, fuzyjczynę zabierają strażnicy. W parę tygodni później Stachurski chodzi z nowym «pieskiem» i z nową fuzyjczyną. Broń jego przeważnie bywa domowej roboty. Pojedynki o dziwnie długich lufach, kolba grubą ręką z prostego drzewa wykrajana, wszystko zamocowane drutem i sznurkiem. Jak on z tych kolubryn potrafi strzelać, to już jego tajemnica. Strzela nieomal bez pudła. Prawda, że nie strzela nigdy lekkomyślnie, że składa się tylko wtedy, gdy strzał wydaje mu się pewny".

Największą zasługą księdza Ludwika Niedbała (1872 - 1937) było opracowanie *Słownika polsko-niemieckiego i niemiecko-polskiego najczęściej używanych wyrazów i zwrotów gwary myśliwskiej.* Był pisarzem, działaczem społecznym i łowieckim. Ukończył gimnazjum w Poznaniu. Święcenia kapłańskie otrzymał w Gnieźnie w 1895 r. W 1900 r. objął probostwo w Dubinie koło Jutrosina (Leszczyńskie) i pracował tam ponad dwadzieścia lat. Za wygłaszanie kazań w duchu patriotycznym i działalność patriotyczną skazany został na miesiąc więzienia i grzywnę.

Niedbał był zapalonym myśliwym i działaczem łowieckim. Zajmował się kynologią, był inicjatorem wielu akcji kynologicznych (układanie regulaminów konkursów wyżłów, zakładanie ksiąg rodowodowych psów myśliwskich). Równocześnie gromadził materiały do wydanego w 1917 roku wspomnianego słownika gwary myśliwskiej. Od 1922 roku był prezesem pierwszego w Polsce Towarzystwa Centralnego Oddziału Kynologicznego przy Polskim Związku Myśliwych w Poznaniu, a także jednym z założycieli, a później członków honorowych Towarzystwa „Łowiec Wielkopolski", wieloletnim prezesem jego sekcji kynologicznej i sekcji naukowej. Brał udział w pracach nad ujednoliceniem statutu centrali związkowej Polskiego Związku Łowieckiego w Warszawie. Od 1928 roku był delegatem prymasa kardynała Aleksandra Hlonda do Komitetu Ochrony Przyrody na Wielkopolskę i Pomorze. W 1932 r. nadano mu złoty medal Polskiego Związku Stowarzyszeń Łowieckich. Jego bogata publicystyka odznaczała się walorami literacko-dydaktycznymi i była nacechowana umiłowaniem ojczystej przyrody i jej ochrony. Oprócz *Słownika...* w 1923 roku wydał: *Z łowisk Wielkopolski*, *Hodowla, wychowanie i tresura wyżła dowodnego* (1927), *Duszom zbolałym* (1933), ponadto pisywał liczne artykuły w prasie fachowej i codziennej.

Klasyczną pozycją łowiecką, która cieszyła się znacznym rozgłosem, była książka *Z łowisk Wielkopolski*. Książka ta przeznaczona była dla młodych myśliwych, których uczyć miała ideowego i etycznego pojmowania łowiectwa. Dlatego też oprócz wspomnień z polowań podaje autor wiadomości o poszczególnych gatunkach zwierzyny występującej wówczas w Polsce. Poza tym w przystępny sposób zapoznaje z zasadami odstrzału i sposobami polowania. Książka składa się z czterech rozdziałów: W wiosennej kniei, W upalnym lecie, W cudnej polskiej jesieni, Wśród śniegów i mrozów.

„Głuszce grają — oto krótka, lecz treściwa depesza, której oczekiwał z rosnącą co dzień niecierpliwością łowiec. Wiosna już od tygodni rozpoczęła swoje panowanie; ptactwo wędrowne w komplecie prawie wróciło z południowych stron, ruń ożywia łany i cieszy oko ludzkie, młoda zieleń pokrywa już krzaki i krzewy — dęby tylko stare i buki, od wieków niedowierzając pierwszym ciepłym tchnieniom wiosny, mądre doświadczeniem, wstrzymują się jeszcze z latoroślą. I dobrze z tem myśliwemu; nie zna on bowiem przykrzejszego uczucia od owej kompletnej bezradności, na którą jest skazany, gdy królewski ptak wybierze sobie na siadło (miejsce spoczynku) drzewo z gęstą koroną, wśród której nieuchwytny zostaje dla oka, choć pieśń czarowna zdradza jego bezpośrednią nieomal obecność. Niejeden, co urwał się na kilka dni od zajęć swych codziennych, aby odetchnąć na łonie przyrody i zapolować na szlachetnego głuszca, wróciłby bez trofeum, mimo sprzyjających skądinąd warunków, gdyby się ptakowi przyśniło grać w gęstym zaszyciu liści i igliwia".

Ogromne znaczenie dla łowiectwa miał jednak *Słownik*..., była to druga, oprócz wcześniejszej o prawie sto lat *Terminologii*... Kozłowskiego, praca, która podawała nie tylko wyrazy używane przez myśliwych współczesnych autorowi, lecz też wyrazy i wyrażenia używane w przeszłości, które jednak Niedbał postanowił ocalić od zapomnienia. *Słownik* Niedbała zawierał ponad dwa tysiące haseł. I do czasu wydania *Słownika*... Hoppego nie miał sobie równych. Wartość *Słownika*... Niedbała polega również na tym, że starał się wyleczyć polskich myśliwych z kompleksów, jakoby Niemcy mieli bogatszy i piękniejszy język łowiecki „i do wykazania, że i na tym polu nie stoimy poza innymi narodami, lecz, że przeciwnie, dumni być możemy z bogatej i pięknej naszej gwary myśliwskiej".

Mieczysław Mniszek-Tchórznicki (1907 - 1950) to leśnik, publicysta, bibliograf i działacz łowiecki, posiadacz jednego z największych księgozbiorów łowieckich. Do najcenniejszych jego prac należy niewątpliwie: *Próba uporządkowania bibliografii łowieckiej w odrodzonej Polsce* (Warszawa 1936). Prace literackie i bibliograficzne kontynuował również po wojnie. W *Kalendarzu Myśliwskim* (1948, 1948 - 1950) zamieszczał bibliografię książek łowieckich. Niezwykle czynny aż do ostatnich dni swego życia.

Oprócz prac bibliograficznych, wydawał jako oddzielne odbitki w niewielkich nakładach (25 - 30 egz.) artykuły i opowiadania, zamieszczane wcześniej na łamach „Łowca Polskiego" i „Życia Podlasia". Pozycji takich wydał kilkanaście, a w tym między innymi: *Na rykowisku* (Warszawa 1934); *Rozkosze wiosenne myśliwego* (1935); *Dwie wizje* (1935) — autor przedstawia dwie wizje lasu — przeszłości, gdy myśliwy uzbrojony w oszczep polował na różne gatunki zwierzyny, i gdy myśliwy uzbrojony w nowoczesny sztucer chodzi w poszukiwaniu zwierzyny po pustym lesie; *Myśliwi-Widma* (1935); *Tragedia rzeki* (Warszawa 1935); *Walka* (Warszawa 1935); *Książę Sandomierski jako myśliwy* (Warszawa 1935); *Ostatni strzał* (Warszawa 1936); *Myślistwo w Panu Tadeuszu* (Warszawa 1934). Z innych pozycji wydał ponadto: *Dlaczego mamy chronić zwierzynę łowną* (Warszawa 1947); *Oologia ptaków łownych* (z przedmową Józefa Gieysztora, Warszawa 1947); *Piżmak* (Łódź 1946); *Podstawy etyki myśliwskiej* (Warszawa 1947); *Zielonogłowy* (Warszawa 1947). Ta ostatnia książka przeznaczona jest dla młodzieży i opowiada o życiu kaczora-krzyżówki. W sielankę życia rodziny kaczek wkracza myśliwy. Książka jest ciekawym spojrzeniem na łowiectwo od strony zwierzyny. Swój stosunek do zwierzyny i przyrody tak przedstawił autor:

„Otaczająca człowieka przyroda tworzy, a raczej kształtuje charakter jego, a tym samym działa na jego twórczość zawodową i artystyczną. Nieraz z uprawiania myślistwa wytwarza się głębokie zainteresowanie przyrodą. Nikt tak nie dojrzy całego szeregu ciekawych zjawisk przyrodniczych jak myśliwy. On bowiem dążąc za śladem postrzelonej zwierzyny ma otwarte oczy na każdy liść, na każde źdźbło trawy, w czasie podchodu głuszca na toku czy jelenia na rykowisku musi patrzeć uważnie pod nogi, aby nie nadepnąć na zdradliwą gałązkę i widzi wtedy rzeczy, których zwyczajny śmiertelnik nie dojrzy. Ileż razy zdarza się, że stojąc na stanowisku uwagę naszą całkowicie zajmie ptak jakiś, jaszczurka czy nawet owad. Wpatrzony w taki obiekt, nieraz spostrzeże nieznane nikomu zjawisko. W ciszy wschodzącego słońca lub w mrokach nadchodzącej nocy dzieją się w naturze rzeczy, których kiedy indziej obserwować nie można. A właśnie w tych porach dnia myśliwy znajduje się w terenie i on właśnie odkrywa najczęściej rzeczy mało lub nawet nieznane.

Czyż nie warto zresztą chronić zwierzynę i ptactwo łowne, aby usłyszeć rykowisko jelenia, tok cietrzewia i głuszca, ciąg słonek lub przeżyć choć jeden wieczór nad jeziorem, gdzie wszystkie głosy ptactwa tworzą przecudny nokturn.

... nie wolno dopuścić do tego, aby przekazać przyrodę następnym pokoleniom w uszczuplonej ilości gatunków zwierzyny. Jeśli nie poprawić błędy popełnione przez naszych ojców, to przynajmniej musimy przekazać przyrodę w takim stanie, w jakim ją odziedziczyliśmy. Krzywdy wyrządzane przyrodzie przez wojnę, wyniszczone zwierzostany i zdewastowane lasy, zdeptane łąki i bagna, to wszystko da się naprawić, o ile całe społeczeństwo da z siebie maksimum dobrej woli i zechce się do pracy tej wziąć z właściwą Polakom energią i przedziwną ambicją postawienia na swoim, przez pokazanie innym, że o ile nie lepsi, to na pewno nie jesteśmy gorszymi".

Władysław Janta-Połczyński (1878 - 1954) był niezwykle ofiarnym i oddanym sprawom łowieckim działaczem w Wielkopolsce (prezes Wielkopolskiego Towarzystwa Łowieckiego), a także autorem licznych publikacji zamieszczanych na łamach „Łowca Wielkopolskiego". Wydał między innymi *Estetykę łowiectwa* (Poznań 1923) — zbeletryzowany podręcznik prawidłowego łowiectwa. Oprócz spraw fachowych przewijają się wspomnienia z polowań. Książka zawiera również fotografie trofeów, obrazów o tematyce łowieckiej i wystaw łowieckich. Inne utwory to: *Karczma pod wilkiem* (Poznań 1929). Jest to sztuka w trzech aktach, napisana w roku 1923. Przedstawia środowisko kłusowników i przemytników i dramatyczną walkę nadleśniczego z przestępcami; zbiór opowiadań *Leśny pies* (Poznań 1933); *Ramoty myśliwskie* (Warszawa 1933) — pełne humoru opowiadania o myśliwych i „myśliwych" *Polująca Pani* (Warszawa 1927) — dwanaście opowiadań „dla pożytku myśliwych i niemyśliwych". Niektóre z nich luźno związane z łowiectwem; *Święty Eustachy* (Poznań 1928). Akcja powieści toczy się na terenie Kaszub po odzyskaniu przez Polskę niepodległości w 1918 r. Ostro zarysowane są problemy kolonizacji niemieckiej, czemu służy wątek romansowy. Powieść została poprzedzona przedmową Juliana Ejsmonda. Z tej właśnie książki pochodzi poniższy cytat:

„Na drugi dzień rano o ósmej rozpoczęła się moja służba w nadleśnictwie.

Leśnik dzisiejszy jest pod pewnym względem podobny do wojaka. Z dawniejszego rycerza z pełnym średniowiecznym romantyzmem przeobraził się na dzisiejszego żołnierza z pospolitym drylem, świecącymi guzikami i koszarowym życiem. Leśnik dzisiejszy to również wydrylowany żołnierz, ale czasami bez broni nawet, to już tylko maszyna do pisania, rejestrowania, raportowania, kontrolowania i kubikowania. O ileż więcej sekretarz króla pruskiego nadleśnictwa. — Marzenia o swobodnym bytowaniu wśród lasów i przyrody, która tak odpowiadała naturze mojej, o owem mohikańskim życiu, jak o nim nieraz słyszałem z ust mojego dziadka, wszystko to były iluzje, zamki, które rozsypywały się przy pierwszym ruszeniu się lodów rzeczywistości.

Wspomnienia moje dziecięce, przez barwne opowiadanie dziadka, sięgały tych czasów puszczy tucholskiej, gdy jeszcze zasługiwała na tę nazwę, gdy kopano w niej bursztyn, gdy na wypalankach wśród wrzosu setki cietrzewi tok odprawiało, gdy grała tam trąbka myśliwego, nawołująca ogary, gdy tam polowali i rządzili inspektor lasów Kreuzhar i nadleśniczy Kabot w Woziwodzie; starzy to przyjaciele i towarzysze łowów dziadka.

Nie znano wówczas jeszcze prawidłowego łowiectwa w dzisiejszym znaczeniu tego wyrazu, ale już wtedy — bez praw i kodeksów pisanych — dziad mój prawił i wpajał w syna, iż rycerskość i łowiectwo, to dwa identyczne pojęcia, tradycyjne od przodków nam przekazane. On go uczył, jak strzec, cenić i jak pielęgnować je winniśmy. Bóg stworzył zwierzę i w niem czcimy Jego dzieło.

Wszystko to przeobraziło się dziś w odmienną formę — myślistwo pokrył sztuczny lakier, może piękny, może prawidłowy, ale to już nie rycerskość, to kulturalna zabawa, to sport, a do leśnictwa modnego przedostał się dryl i schemat".

Jan Sztolcman (1854 - 1928), wspomniany już w rozdziale poprzednim, ze względu na swe zasługi godzien jest szerszego zaprezentowania. Ornitolog, podróżnik. W latach 1875 - 1881 wziął udział w wyprawie naukowej do Peru, a w latach 1882 - - 1883 do Ekwadoru. Od roku 1887 dyrektor Muzeum Zoologicznego Branickich w Warszawie, a po połączeniu z Gabinetem Zoologicznym, od roku 1919 wicedyrektor Państwowego Muzeum Zoologicznego. Odkrył sto pięćdziesiąt gatunków ptaków. Dedykowano mu trzy z nich: Colaptes Stolcmani, Mustela Stolcmani, Urothraupis Stolcmani. Działacz łowiecki i ochrony przyrody, założyciel (1899) i redaktor „Łowca Polskiego", współtwórca ustaw łowieckich. Inicjator powołania w 1928 r. Międzynarodowej Rady Ochrony Żubra.

Autor trzystu pięćdziesięciu dwóch prac łowieckich i przyrodniczych, zamieszczanych w prasie krajowej i zagranicznej, w tym między innymi *Nad Nilem Niebieskim. Wyprawa myśliwska Józefa Potockiego do Sudanu* (Warszawa 1902, drugie wydanie 1928). Jako ciekawostkę warto może dodać, że książka ta wywarła duże wrażenie na Henryku Sienkiewiczu. Sztolcman otrzymał od niego egzemplarz *W pustyni i w puszczy* z taką dedykacją: ,,Panu Janowi Sztolcmanowi gorliwy czytelnik jego znakomitych książek podróżniczych. Henryk Sienkiewicz". Inne jego prace, to: *Ornitologia łowiecka, czyli podręcznik do określenia krajowych ptaków łownych* (Warszawa 1905); *Próba uporządkowania nomenklatury ptaków krajowych* (Warszawa 1918); *Szkice ornitologiczne* (Warszawa 1916); *Łowiectwo. Podręcznik dla szkół leśnych i rolniczych* (Warszawa 1918); *Żubr. Jego historia, obyczaje i przyszłość* (Warszawa 1926); *Jak unikać wypadków z bronią* (Warszawa 1927). W działalności swej wyznawał niezwykle słuszną zasadę, że nie może być myśliwym ten, kto nie jest hodowcą zwierzyny. Cytowany poniżej fragment pochodzi z książki *Nad Nilem Niebieskim*:

,,Stał prawie bokiem do nas, odwróciwszy ku nam swą dumną głowę. Cienie krzaków, pod którymi się znajdował, tworzyły na jego ciele rodzaj plam i zebrowania. Patrzył wprost na nas, jakby z pogardą, gdyśmy jednak parę kroków zrobili, aby się zbliżyć do niego, ruszył, lecz znowu stanął. Nie było rady, trzeba było z tego miejsca strzelać, bo jeszcze kilka kroków i upragniony zwierz ukryje nam się wśród gąszczu dżunglowego.

Stanęliśmy więc i spokojnie zmierzyliśmy do groźnego nieprzyjaciela. Ja mierzyłem na komorę i trzymałem go na muszce; nie chcąc jednak psuć Hrabiemu strzału, czekałem aż detonację usłyszę. I gdy runął strzał, ja pociągnąłem lufami, wiedząc z doświadczenia, że zwierz ruszy, i cyngiel nacisnąłem.

Po tych dwóch współczesnych strzałach, lew ani ryknął, ani też znaku nie dał. Wydało mi się tylko, że gdy ginął w gąszczu, zadem jakby pociągnął.

— Teraz pójdziemy za postrzałkiem — rzekł do mnie Hrabia, nabijając wystrzeloną lufę.

Chciałem i ja zmienić ładunek z magazynu, lecz mechanizm się zaciął i niepodobna było zamknąć sztucera. Hrabia wziął go do ręki, lecz też nic nie mógł poradzić. Wtedy dał mi swój...

Była to chwila niezwykle uroczysta. Każdy z nas wiedział, że lew postrzelony w dziewięciu przypadkach na dziesięć rzuca się, gdy iść po jego tropie; a w tym razie niebezpieczeństwo było tym groźniejsze, że gęste krzaki i wysoka do pasa trawa stanowiły doskonałe ukrycie dla rannego zwierza. Mimo więc najbystrzejszego wzroku można było zetknąć się z nim oko w oko, a wtedy biada nam.

— Będzie źle — myślałem sobie — ktoś z nas może skórą opłacić tę całą awanturę.

Szliśmy tak z wolna — przodem Ahmed Idris, za nim my dwaj obok siebie, gdy jednak nieco dalej krzaki się ścieśniły, zmuszony byłem iść za Hrabią. Nikt z nas dwóch nie widział, czy lew jest raniony, czy nie — bo ani nie było czasu tropów badać, ani też Idrisa o to pytać. Cała nasza uwaga wytężona była na boki — w myśl, że wnet usłyszymy straszny ryk i ujrzymy szarżującego zwierza. Chwilami robiło mi się żal starego shikarego, który, nie posiadając broni, był wystawiony na największe niebezpieczeństwo, jako przodem idący. Trudno jednak bawić się w sentymenty: Idris wiedział, na co się godzi.

Trop skręcił raz pod prostym kątem w lewo, nieco dalej znów na prawo. Zrobiliśmy tak ze 150 kroków od strzału, gdy naraz Fadil, idący o kilka kroków przede mną, dogonił mnie, schwycił silnie za rękę i rzekł szybko szeptem: «Assad, assad». Odwróciłem się, lecz ponieważ z tego miejsca już nic widać nie było, więc nie uprzedzając Hrabiego, szybko cofnąłem się za Fadilem z 10 kroków i stanąwszy obok niego, ujrzałem lwa w odległości 20 kroków na lewo od naszego pierwotnego kierunku. Leżał w cieniu rozłożystego krzewu, na górce, nieco wyżej naszej pozycji, zwrócony do nas prawym bokiem, z głową dumnie do góry podniesioną... Patrzył nam prosto w oczy...

Wiedziałem, że tu w grę wchodzi moje lub Fadila życie, więc spokojnie, lecz szybko, zmierzyłem w łeb i cyngiel ścisnąłem. Lew, jak piorunem rażony, wywrócił się, rozkraczając swe potężne łapy.

Żadne pióro nie jest w stanie opisać uczucia radości, jakie ogarnia myśliwego na widok wywracającej się, podobnej sztuki. Obok nasyconej żyłki myśliwskiej wchodzi tu w grę uczucie niewypowiedzianego zadowolenia, żeśmy siebie i innych wybawili z groźnego niebezpieczeństwa. Nie zapomnę też nigdy w życiu radości, jaką mi ten strzał spowodował".

Władysław Zabiełło (1886 - 1961) ukończył studia filozoficzne na Uniwersytecie Jagiellońskim, po czym objął stanowisko nauczyciela historii w Siedlcach i współredaktora „Głosu Podlasia". W roku 1932 został sekretarzem redakcji „Łowca Polskiego", którym był do wybuchu wojny. Po wojnie rozpoczął pracę jako organizator i kierownik łowiectwa w Dyrekcji Lasów Państwowych Okręgu Bałtyckiego w Szczecinku. Po trzech latach pracy objął w Warszawie referat społeczno-samorządowy i propagandowo-wydawniczy w Spółdzielni „Jedność Łowiecka", a po jej rozwiązaniu wrócił do redakcji „Łowca Polskiego". Pracę literacką rozpoczął od wydania w 1910 roku powieści *Uroki*. W roku 1937 w Warszawie wydał *Poland a hunting ground*, a w 1939 też w Warszawie *O głównych postulatach Polskiego Związku Łowieckiego*, ponadto drukował w wielu pismach: „Świat", „Tygodnik Ilustrowany", „Gazeta Poranna", „Sfinks", „Kurier Warszawski", „Czas" i oczywiście „Łowiec Polski". Zabiełło nie zapisał się może tak znacznie, jak jego poprzednicy, w dziejach literatury łowieckiej, był jednak dużej klasy działaczem łowieckim, a jego mrówcza praca w redakcji „Łowca Polskiego" wywierała znaczny wpływ na drukujących kolegów „po piórze i strzelbie". Może to właśnie nie pozwoliło mu szerzej rozwinąć łowieckiej działalności literackiej.

„W tej chwili zatrzepotało coś w górze i nad głową przeleciał mi z lekka pokrakujący kruk. Odprowadziłem go wzrokiem aż poza siebie, a gdy powróciłem do pierwszej pozycji i spojrzałem znów przed siebie, coś jak prąd elektryczny zatargało wszystkimi moimi mięśniami. Stępa, powoli, ostrożnie stawiając łapy szedł już na «gołym» siwy wilk. Sadził na ukos z lewej strony tak, że linię myśliwych będzie mijał tuż koło stanowiska mego sąsiada. W jednej chwili oceniłem tę sytuację i bardzo delikatnie, pomaleńku zacząłem podnosić sztucer do ramienia. (...)

Oto już muszka oczekuje celu. Nie oddycham wcale, ale to za długo trwa. Wilka nie ma. Z lewej strony już skrył się zad, z prawej jeszcze nie wyjrzała głowa. Co to jest? Oddycham z konieczności. Wilka nie ma i nie ma. Stoi widać i myśli, wietrzy... Coś mnie pokusiło zwrócić na chwilę wzrok na sąsiada. Widzę, że celuje również w to miejsce. Ale wiem, że to tylko na wypadek. On nie strzeli do „mojego" wilka. Sytuacja jest zresztą wyraźna. Wilk jest ode mnie o pięćdziesiąt kroków, a od niego z górą sto.

Powracam wzrokiem do trzech sosen. Znowu nic. Nagle huk strzału, coś się zakotłowało za sosnami i widzę, że trafiony zwierz robi trzy skoki-koziołki wstecz i zostaje w ogniu.

Miot się wreszcie skończył. Do wilka nie poszedłem, czekałem na miejscu na moje sanie. Widziałem, jak paru myśliwych wraz z łowczym zebrało się koło kolegi N., który, wymachując rękami i pokazując coś w moim kierunku, opowiadał widać, jaki przebieg miało spotkanie.

Pojechaliśmy teraz do jakiegoś miotu po drodze do Maniewicz, naszej siedziby noclegowej. Z moim rywalem, do którego czułem na dnie duszy wielki żal, spotkałem się dopiero przy obiedzie.

Łowczy odczytywał rezultat dnia. Ciągle brzmią w uszach, jak urągowisko, jego słowa przy końcu listy pokotu:

— N. — wilka i lisa. Zabiełło — cietrzewia i dwa jarząbki...

W tym miejscu jednak mój rywal przestał pić piwo i zwrócił się do mnie:

— Dlaczego pan właściwie tak długo mierzył do tego wilka i nie strzelił?

Opowiedziałem ze szczegółami całą sytuację.

— Ano, więc pech. Bo ja strzeliłem w chwili, gdy wilk wzniósł łeb, pociągnął wiatru i wyczułem, że już ma zrobić nagły zwrot w tył. Trzymałem go na muszce i w ostatniej chwili posłałem szczęśliwą kulę. Niechże pan daruje, bo wyglądało to może w pańskich oczach nieco inaczej, ale nie ma tu mojej winy.

Oczywiście był to zbieg okoliczności przykry dla mnie, nawet bolesny, jako zawód myśliwski, ale nie mogło we mnie pozostać już ani cienia podejrzenia, żalu lub gniewu.

— A wie pan, co jeszcze było? Ja dopiero po dłuższej chwili, nie mogąc sobie wytłumaczyć pańskiego zachowania, wziąłem wilka na muszkę. Ale przedtem jeszcze obserwowałem całe bliższe i dalsze otoczenie. W chwili gdy ten wilk wychodził z gęstwiny, widziałem, jak pan obserwował przelatującego kruka, ale widziałem też drugiego wilka — bodajże ogromnego basiora — przechodzącego wzgórzem z lewej strony od pana, najwyżej z siedemdziesiąt kroków...".

Stanisław Zaborowski (1858 - 1939) był obok Weyssenhoffa

tym, który rozpowszechnił książkę myśliwską nawet wśród niemyśliwych. W literaturze łowieckiej niewielu jest takich, którzy mogliby się równać z Zaborowskim w mistrzostwie pióra. Po zdaniu matury w gimnazjum w Toruniu, w roku 1891 ukończył studia medyczne w Paryżu. W 1896 roku po nostryfikacji dyplomu w Dorpacie objął stanowisko lekarza naczelnego jednego z przytułków położniczych w Warszawie. Z jego inicjatywy i przy jego pomocy finansowej otwarto szpital położniczy wraz ze szkołą położniczą, które prowadził w latach 1912 - 1935. Odznaczony Legią Honorową. Był zamiłowanym myśliwym, polował w Afryce, brał udział w zawodach strzeleckich. Liczne opowiadania drukował w „Łowcu Polskim", podpisując je jedynie inicjałami St.Z.

Człowiek niezwykle skromny i oddany sprawom łowieckim. Członek Komitetu Redakcyjnego „Łowca Polskiego". Prawdziwą rewelacją na niwie literatury okazał się zbiór opowiadań *W sercu kniei*, którego pierwsze wydanie ukazało się w roku 1914, drugie w 1930. Po ukazaniu się tego zbioru Zaborowskiego nazywano „poetą kniei". A oto fragment tej książki:

„W zapadłym, głuchym uroczysku, za moczarami, od świata odcięty, zaszyty w gęstwę świerczyny, stary pustelnik, podejrzliwy głuszec, odczuł wszechmocny czas wiosny i wraz z całym światem jął się gotować do wiosennych godów. Co ranka, skoro świt, odświętnie odziany, w błyszczącym pancerzu na piersiach, strojny, buńczuczny, spada z hałasem na polanę i, roztoczywszy czarny wachlarz ogona, jak tarczę, powłóczy szumnie skrzydłami i szerokimi kręgi „znaczy" miejsce, na którem, jak rycerz z turnieju, stanąć zamierza w szrankach do walki z rywalami, na którem, jak rycerz, otrzymać chce dań miłosną.

W zapamiętaniu, pieśni i miłość ceniąc nad życie, nie baczy, że jego wróg odwieczny — człowiek — krąży dokoła, że go śledzi i że nań czyha. Co nocy, jak gwiazda, migoce przez gęstwę świerków dalekie, nikłe ognisko strażującego osacznika. Mróz czy słota, słońce czy mgła wstają znad rojstu, cierpliwy poleszuk strażuje i czeka.

Aż wiosennego pewnego ranka, przed świtem, mrokiem nocy osłonięty, przez chytrego leśnika prowadzony, na polanę zakradnie się myśliwy. I, nim wzejdzie słońce, budząc śpiącą puszczę — zagrzmi wystrzał. Głuszec, królewski syn ostępów, jak trubadur, jak skrzydlaty rycerz „bez skazy", zginie na oczach wybranej za pieśń, ostatniej arii nie odśpiewawszy. Umrze w ekstazie, miłością, wiosną i śpiewem upojony".

I znów największej miary człowiek piszący o łowiectwie i łowiectwu ze wszech miar oddany: Karol Witołd Ziembicki (1874 - 1950), doktor wszechnauk lekarskich, członek zwyczajny Wydziału Nauk Lekarskich Wrocławskiego Towarzystwa Naukowego, profesor zwyczajny historii medycyny, urodzony we Lwowie, gdzie ukończył szkołę powszechną, gimnazjum i Wydział Lekarski Uniwersytetu Lwowskiego. Studia uzupełnił za granicą, w Paryżu i Zurychu. W latach 1910 - 1935 kierował oddziałem chorób wewnętrznych w szpitalu we Lwowie, założył Instytut Przeciwrakowy we Lwowie, którego był wiceprezesem. Po przejściu na emeryturę (1935) poświęcił się pracom z dziedziny historii medycyny. W roku 1936 został profesorem tytularnym tego przedmiotu i organizatorem Zakładu Historii Medycyny; w roku 1937 objął stanowisko redaktora „Łowca Polskiego". Po wojnie wykładał historię medycyny w Krakowie, a od 1946 roku był dyrektorem Biblioteki Medycznej we Wrocławiu.

Dorobek pisarski Ziembickiego obejmuje pięćset osiem pozycji z piętnastu różnych działów: chemia, klinicystyka, przyroda, historia medycyny, historia kultury, historia literatury, językoznawstwo, biografie, bibliografie, krytyki i inne. Ziembicki przez kilkadziesiąt lat zbierał książki z zakresu przyrodoznawstwa i medycyny. Jego prywatna biblioteka liczyła piętnaście tysięcy tomów.

Prace o tematyce łowieckiej zamieszczał Ziembicki przeważnie na łamach „Łowca", wiele z nich doczekało się też wydań osobnych. Z tej niezwykle bogatej spuścizny literackiej Ziembickiego nie sposób wymienić wszystkich, dlatego ograniczymy się tylko do niektórych pozycji.

Spośród wielu opracowanych przez niego biografii, jedenaście dotyczyło ludzi związanych z łowiectwem, między innymi: Sztolcmana, Rostafińskiego, Fałata, Cygańskiego, Zaborowskiego, Weyssenhoffa, Wodzickiego, Garczyńskiego. Wszystkie one zamieszczane były na łamach „Łowca" w latach 1928 - - 1939.

Prace językoznawcze dotyczące łowiectwa publikowane były także na łamach „Łowca Polskiego". Jest ich w sumie dwadzieścia cztery, między innymi: *Jeleń w gwarze myśliwskiej* (1937), *Słonka* (1938), *Muflon* (1938). Prace te przyczyniły się w znacznym stopniu do zachowania języka łowieckiego od zapomnienia i były odpowiedzią na rozgorzałą w latach trzydziestych dyskusję na temat stosowania przez myśliwych języka łowieckiego.

Opublikował też sześć prac historyczno-literackich o tematyce łowieckiej, a wśród nich *Dryas Zamchana* (Lwów 1929), *Wincenty Pol — Po polowaniu* („Łowiec Polski" 1938).

Dwanaście prac poświęcił Ziembicki przyrodzie, a wśród nich: *Kilka słów o naszych ptakach drapieżnych* („Łowiec Polski" 1912), *Piżmak* („Łowiec Polski" 1939).

Historia łowiectwa — to blisko dwadzieścia pozycji w dorobku Ziembickiego. Między innymi cykl siedemnastu artykułów zamieszczonych na łamach „Łowca Polskiego" w latach 1935 - - 1937 pod ogólnym tytułem *Muzyka myśliwska*, a także *Ostatnie łowy Batorego* (Lwów 1937). Jednak najciekawszą pozycją jest tu niewątpliwie *Jan Sobieski jako myśliwy* — artykuł zamieszczony w „Łowcu Polskim" w 1926 roku. Fragmentem tej właśnie pracy chcielibyśmy zaprezentować ogromny łowiecki dorobek literacki Witołda Ziembickiego.

„Rok 1691 był świadkiem ostatniego wysiłku Jana III jako wodza.

Przez cały prawie rok 1692 podróżuje po swych majętnościach, w grudniu zaś wyjeżdża na sejm do Grodna.

W roku następnym, chociaż «co chwila jest chory, to na podagrę, to na katar» — jak pisze w swych raportach wspomniany poseł brandenburski, przecież często poluje.

O tych to polowaniach z owego roku znajdujemy zapiski w listach niejakiego Sarneckiego, na którego korespondencję zwróciliśmy uwagę gdzie indziej. Ów Sarnecki był w służbie siostrzeńca królewskiego, Karola Stanisława Radziwiłła i pełnił na dworze obowiązki «rezydenta» radziwiłłowskiego. W diarjuszach swych i listach, pisanych do Radziwiłła i przesyłanych do

Białej, wspominał nieraz z drobiazgową dokładnością, o najrozmaitszych zdarzeniach, notując zarazem wiele szczegółów z życia codziennego rodziny królewskiej, zwłaszcza z życia samego króla.

Pod datą 26 maja pisze Sarnecki:

«Król Jmć zaraz po mszy na polowanie wyjechał i, zjadłszy polowy obiad, pomknął się dalej, za Marymont Królowej JMci, tam polował, liszkę jedną uszczwał i dwóch zająców. JMć Pan Podskarbi nadworny koronny i JMć Pan Marszałek nadworny koronny, dopomagali tej uciechy Królowi JMci.

Jak to bywało po takim nadmiernym ruchu i zmęczeniu, król nazajutrz zapadł gorzej na zdrowiu, brał więc lekarstwa, następnego zaś dnia bardzo dokuczało mu jego bolesne cierpienie, coraz częściej się odzywające. Były to kamienie pęcherzowe».

Wkrótce przecież znowu poluje. Z początkiem czerwca wybrał się do Secymina w pow. sochaczewskim. I «zabawił się Pan polem lubo niewygodnym pod ten czas. Objechali różne miejsca wesołe tam, na tamtym brzegu Wisły, u p. Brzezińskiego, podkomorzego nurskiego, bardzo wczesną mieli subsystencyją».

Następna wzmianka o polowaniu pochodzi z 9 września. Król, wyruszywszy z Warszawy do Żółkwi, poluje po drodze:

«Dziś Król JMć polowaniem zabawiać się będzie, bo już od 4 dni semeni Panu przygotowali to polowanie».

Dalsze notatki datowane są już z Żółkwi, w listopadzie.

I tak pod datą 9 listopada:

«Król JMć zjadszy śniadanie po ranny mszy, na polowanie z charty pojechał, dwóch zajęcy uszczwawszy, samym zmrokiem powrócił».

Toż samo dnia następnego:

«Król JMć po mszy zaraz na Horaj pojechał i tam obiad zjadszy, polował, aż samym zmrokiem powrócił».

12 listopada:

«Mszy wysłuchawszy, Król JMć dzień bardzo mając wesoły, pogodny, zaraz jechał na polowanie. Zjadszy śniadanie na Zarudziu, do samego wieczora bawił się. Sarna na samego JMci padła i w oczach Jego onę ubito. Ucieszony JKMć wesoło powrócił».

... W następnym roku 1695, wciąż choruje, to na katar, to na kaszel, to na kamień, tak, że królowa zaczyna się liczyć z możliwością katastrofy. A jednak — do polowania powraca.

Następny rok, 1696, był, jak wiadomo, rokiem zgonu Jana III.

Stan zdrowia podupadał coraz widoczniej. Obrzęki na nogach, trwające już od dawna, wzmagały się. Wielki bohater dalekim jednak był od poddania się cierpieniu i ociężałości. Tężyzna psychiczna i fizyczna nie opuszcza go.

Widimy go — rzecz nieprawdopodobna — znów na polowaniu.

«W połowie maja tak się królowi poprawiło, że polował. Skarży się jednak na ociężałość w nogach. Upadł nawet z tego powodu dwa razy...».

Ale to były już łowy jego ostatnie...

Gdy pomyślimy, że było to na miesiąc przed śmiercią, pojmiemy chyba najlepiej, czem było polowanie w życiu tego ostatniego Króla-Łowcy".

Przedstawienie dorobku literatury z okresu dwudziestolecia międzywojennego nie byłoby pełne, gdyby nie zostało uzupełnione krótką przynajmniej wzmianką o działalności Stanisława Hoppego (1893 - 1982). Urodził się na Pomorzu. Gimnazjum ukończył w roku 1911, następnie studiował rolnictwo i ekonomię w Krakowie, Berlinie i Wrocławiu. W roku 1918 jako ochotnik wstąpił do 4 Baterii I Pułku Artylerii. Po I wojnie osiadł w Warszawie i pracował w bankowości i przemyśle.

Nazwisko Stanisława Hoppego pojawia się w prasie łowieckiej w latach trzydziestych. Wówczas to rozgorzała namiętna, często bezpardonowa dyskusja na temat języka łowieckiego, któremu niewątpliwie groził zanik. Hoppe, powołując się na wzory niemieckie, postulował opracowanie i ogłoszenie obowiązującej terminologii łowieckiej. W efekcie polemiki, w roku 1936 redakcja ,,Łowca Polskiego" powołała przy swoim Komitecie Redakcyjnym specjalną komisję zajmującą się problemem języka łowieckiego. W skład komisji weszli między innymi Stanisław Hoppe i Józef Kobylański. Rok 1939 przyniósł polskiemu łowiectwu niezwykle cenną pozycję — było to pierwsze wydanie *Polskiego języka łowieckiego* opracowanego przez Hoppego.

Praca ta spotkała się z wręcz entuzjastycznym przyjęciem przez działaczy i ogół myśliwych, a prof. W. Ziembicki tak pisał na łamach „Łowca Polskiego": „Od czasu, kiedy Wiktor Kozłowski wydał swe *Pierwsze początki terminologii łowieckiej*, tj. od roku 1822, jest praca pana Hoppe pierwszym naprawdę godnym uwagi zjawiskiem w literaturze poświęconej językowi łowieckiemu".

Polski język łowiecki zawiera pięć podstawowych rozdziałów: O zwierzynie, O polowaniu (łowach), łowieckich tradycjach i zwyczajach, O psie myśliwskim, jego pracy i sprawach, O sokolnictwie, czyli O łowach pod pierzem, O broni myśliwskiej. Bardzo cenny jest zamieszczony na końcu pracy „Wykaz nazw i określeń łowieckich", zawierający ponad dwa tysiące trzysta haseł. Praca ta pomyślana jest jako podręcznik dla myśliwych i np. przy każdym z gatunków zwierzyny, oprócz krótkiej informacji, zawiera pełny zestaw wyrazów i wyrażeń związanych z wyglądem, życiem i polowaniem na wymieniony gatunek. Kolejne wydania tej pozycji ukazały się w roku 1951 i 1980. Drugim etapem prac nad językiem łowieckim, które podjął Hoppe, było opracowanie *Słownika języka łowieckiego*. Urzeczywistnienie tych planów nastąpiło dopiero po wojnie. Pierwsze wydanie *Słownika języka łowieckiego* ukazało się w roku 1967, następne w 1970 i trzecie w 1981. *Słownik*... zawiera prawie dwa i pół tysiąca ułożonych alfabetycznie haseł, opracowanych na podstawie bogatej literatury pięknej, fachowej i czasopism łowieckich.

W pracach swych dążył Hoppe do maksymalnego oczyszczenia języka z zapożyczeń, lecz nie zawsze było to możliwe, ponieważ niektóre z nich na trwałe weszły do codziennej praktyki myśliwskiej.

Oprócz literatury, w okresie dwudziestolecia międzywojennego pomnożony został znacznie dorobek w dziedzinie sztuki o tematyce łowieckiej.

Okazją do zaprezentowania tego dorobku, jak również dorobku całego łowiectwa, była I Powszechna Wystawa Krajowa z 1929 roku w Poznaniu. Wówczas to wielkopolscy działacze łowieccy w porozumieniu z Centralnym Związkiem Polskich Stowarzyszeń Łowieckich postanowili wykorzystać szansę i zorganizować z tej okazji pierwszą w odrodzonej Polsce prawdziwie Powszechną Wystawę Łowiecką. Wystawa obejmowała pięć działów: trofea, historia i sztuka, literatura, broń i amunicja, hodowla.

W dniu otwarcia wystawy jej komisarz Konstanty Chłapowski, witając protektora i pierwszego gościa wystawy, prezydenta Ignacego Mościckiego, powiedział między innymi: ,,W dniu dzisiejszym prezentuje polski świat łowiecki Ojczyźnie, Europie i współczesnym dotychczasową sumę swoich pozytywnych wyników i realnej pracy od podstaw, opartej na wspaniałej tysiącletniej tradycji łowiectwa polskiego''. Słowa te są znamienne. Mimo tragicznych kolei losu naszego narodu nic nie zostało zagubione w dziedzinie łowiectwa, które tak nierozerwalnie wiąże się z polską kulturą i tradycją, co więcej, dorobek ten pomnażany był z roku na rok.

Na wystawie poznańskiej zgromadzono tysiąc siedemset trzydzieści osiem eksponatów. Sztukę myśliwską reprezentowało kilkadziesiąt obrazów różnych mistrzów. Dzieła te włączone zostały do kolekcji trofeów właścicieli poszczególnych stoisk.

Na stoiskach, wśród skór niedźwiedzi, wilków, rysi, wieńców jeleni i innych trofeów, obejrzeć można było między innymi — obraz Alfreda Wierusz-Kowalskiego *Indyki w lesie*, Józefa Ryszkiewicza — *Walka łosi*, Kazimierza Godzimirskiego — *Wilk*, Juliana Fałata akwarelę — *Łoś* i Michała Wywiórskiego — *Widok z Karpat*, a także rzeźbę Marcinkowskiego — *Św. Hubert*.

Ponadto w dziale Literatura i Sztuka znalazło się trzydzieści siedem książek Juliana Ejsmonda, Ludwika Niedbała, Władysława Janty-Połczyńskiego; dwadzieścia dziewięć obrazów Włodzimierza Korsaka i pięć obrazów Alfreda Wierusz-Kowalskiego.

Następną okazją do zaprezentowania polskiego dorobku w dziedzinie sztuki łowieckiej był rok 1937. Wówczas to z inicjatywy Polskiego Związku Łowieckiego, podjętej przez Towarzystwo Zachęty Sztuk Pięknych, w warszawskiej Zachęcie zorganizowano pierwszą w odrodzonej Polsce wystawę: ,,Łowiectwo w sztuce polskiej''. Wystawę podzielono na dwa działy: retrospektywny i współczesny. W dziale retrospektywnym zaprezentowano dziewięćdziesiąt jeden dzieł i dwudziestu dziewięciu autorów.

Były to prace wybitnych polskich malarzy uprawiających temat łowiecki. Znalazło się tutaj siedem obrazów Chełmońskiego, w tym *Napad wilków* i *Kuropatwy*; dziewiętnaście obrazów Fałata, w tym *Wynoszenie niedźwiedzia z kniei*; *Wilki* Wierusz-Kowalskiego; *Wyciąganie dzika z jaru* i *Napad wilków na stadninę* Brandta; ponadto obrazy Maksymiliana Gierymskiego, Juliusza Kossaka, Franciszka Kostrzewskiego, Jana Rosena i Henryka Weyssenhoffa.

W dziale grafiki zaprezentowano między innymi prace Tadeusza Ajdukiewicza, Michała Andriollego, Kamila Mackiewicza, Józefa Ryszkiewicza, Władysława Skoczylasa, Januarego Suchodolskiego. W dziale współczesnym wystawiono sto osiemnaście prac pięćdziesięciu autorów.

Wśród artystów wystawiających w tym dziale uwagę krytyków zwróciły prace: *W dzień św. Huberta* S. Czajkowskiego, *Kaczory* Aleksandra Jakimczuka, *Św. Hubert* Jerzego Kossaka, a ponadto prace Anny Berent, Adama Bunscha, Stanisława Ejsmonda, Apoloniusza Kędzierskiego, Macieja Nehringa, Marii Wolskiej-Berezowskiej, Konstantego Chrostowickiego, Stanisława Żukowskiego. Nagrodzone zostały między innymi prace Stanisława Żukowskiego — *Ciąg słonek*, Stanisława Kamaszewskiego — *Macierzyństwo*, Stanisława Czajkowskiego — *W dzień św. Huberta*, Aleksandra Jakimczuka — *Kaczory* i Jerzego Kossaka — *Św. Hubert*.

Wystawa zdumiewała zwiedzających pełnią i bogactwem talentów. Tu i ówdzie podnosiły się jednak głosy, że w konfrontacji z mistrzami z lat poprzednich pokolenie młodsze wypada słabiej. Współcześni, przyzwyczajeni do malarstwa wielkich mistrzów, z trudem chwalili młodych, jeszcze nieokrzepłych. Jednak tamten wiek minął bezpowrotnie, zmieniały się style i kierunki sztuki, zmieniały się techniki.

Część prac wystawionych na wystawie w Zachęcie została włączona do polskiej ekspozycji na zorganizowanej również w 1937 roku w Berlinie pierwszej światowej wystawie łowieckiej. W wystawie tej wzięły udział trzydzieści cztery państwa.

Sztuka i fotografia łowiecka były umieszczone w oddzielnej hali. Kraj nasz reprezentowały między innymi następujące obrazy: Alfreda Wierusz-Kowalskiego — *Wilki*, Juliana Fałata — *Polowanie na niedźwiedzia*, *Na głuszca*, *Bajka leśna*, Kazimierza Sichulskiego — *Św. Hubert*, Józefa Brandta — *Z polowania*, Józefa Chełmońskiego — *Świt nad bagnem*, Michała Wywiórskiego — *Strzelec nad bagnem*, Jerzego Dylewskiego — *Głuszec*.

Wystawione prace śmiało konkurowały z twórczością największych światowych mistrzów malarstwa łowieckiego. Obraz *Św. Hubert* Jerzego Kossaka (1886 - 1942) otrzymał pierwszą nagrodę. Złotym medalem nagrodzone zostały fotografie Włodzimierza Puchalskiego, a nagrodę państwową otrzymał również komisarz rządowy polskiej ekspozycji, wybitny działacz łowiecki Herman Knothe, który zamieszczając później na łamach „Łowca Polskiego" omówienie naszego udziału w wystawie berlińskiej, powiedział między innymi: „Wystawa łowiecka w Berlinie rzuciła na polskie łowiectwo wielki blask chwały, w którym nie bez słuszności kąpać się może nasza duma narodowa. Nie było dotąd dziedziny — gospodarczej czy też sportowej — w której kraj nasz, postawiony w konkurencji wielu państw świata, odniósł tak sumaryczne i bezapelacyjne zwycięstwo".

Sukces berliński zwrócił uwagę społeczeństwa na sprawy łowieckie. Natomiast działacze łowieccy z jeszcze większym zapałem przystąpili do pracy mającej na celu rozwój różnych dziedzin łowiectwa.

W kilka miesięcy po wystawie berlińskiej w 1938 roku w Poznaniu otwarto I Ogólnopolską Wystawę Grafiki. Na wystawie tej zaprezentowano dwieście siedem prac pięćdziesięciu dwóch artystów grafików, posługujących się najróżniejszymi technikami. Były więc drzeworyty i kolorowe litografie, akwaforty, suchoryty, linoryty, akwatinty i miedzioryty. Wśród wyeksponowanych prac aż siedemnaście poświęcono św. Hubertowi, stosunkowo mało było scen z polowań.

Obok starych mistrzów, takich jak J. Fałat, K. Sichulski, W. Skoczylas, L. Wyczółkowski, korzystnie przezentowali się młodzi twórcy, wśród których nagrodzono: Jarosława Kirilenko, Stanisława Ostoję-Chrostowskiego, Zofię Elżbietę Fijałkowską, Władysława Żurawskiego, Stefana Żurawskiego, Stefana Mrożewskiego, Józefa Pakulskiego, Andrzeja Rudzińskiego, Adama Bunscha. Jako ciekawostkę warto może podać, że nagrodami na tej wystawie były również kilku- lub kilkunastodniowe wyjazdy do łowisk, fundowane artystom przez bogatych mecenasów sztuki.

Następna wystawa grafiki miała się odbyć w 1940 roku.

Ze względu na duże zainteresowanie sztuką o tematyce łowieckiej zorganizowano w tym samym 1938 roku między innymi w Krakowie wystawę autorską Aleksandra Jakimczuka, na której eksponowano dziewięćdziesiąt jeden obrazów olejnych i akwarel, i w Warszawie Jarosława Kirilenko — dziewiętnaście grafik i dziesięć obrazów. Obie wystawy zorganizowało Towarzystwo Zachęty Sztuk Pięknych. We Lwowie zorganizowano wystawę trzystu pięćdziesięciu fotogramów Włodzimierza Puchalskiego. Naczelna Dyrekcja Lasów Państwowych zorganizowała wystawę drzeworytów, a w Akademii Sztuk Pięknych odbyła się wystawa prac studentów ASP z pracowni prof. St. Ostoi-Chrostowskiego. W Poznaniu w Muzeum Wielkopolskim zorganizowano wystawę historycznej grafiki myśliwskiej. Zaprezentowano na niej dwieście pięćdziesiąt trzy grafiki wykonane do 1905 roku.

Międzywojenna grafika łowiecka wiąże się z kilkoma nazwiskami, wśród których na czoło wybijają się dwa, związane ze sobą dość ściśle: Władysław Skoczylas i Stanisław Ostoja-Chrostowski.

Władysław Skoczylas (1883 - 1934) studiował rzeźbę w Wiedniu w latach 1904 - 1906, kształcił się na Akademii Krakowskiej pod kierunkiem Axentowicza i Wyczółkowskiego. Po ukończeniu Akademii, ze srebrnym medalem, zaczął malować pejzaże. W 1908 r. objął posadę nauczyciela w oddziale rzeźby w Szkole Przemysłu Drzewnego w Zakopanem, w dwa lata później dla pogłębienia studiów rzeźbiarskich wyjechał do Paryża. Niestety, alergia uniemożliwiła mu dalsze zajmowanie się rzeźbą. Zaczął interesować się rytownictwem i doskonalić technikę. W 1920 r. wydaje *Tekę Zbójnicką*, która przynosi mu rozgłos i uznanie. W rok później powstała *Teka Podhalańska*. Oba te cykle zawierają motywy łowieckie. Skoczylas stworzył narodowy styl epicki w drzeworytnictwie i był inicjatorem drzeworytnictwa współczesnego.

Twórczość W. Skoczylasa wpłynęła wyraźnie na innych, późniejszych grafików, m.in. na T. Cieślewskiego i T. Kulisiewicza, a także Stanisława Ostoję-Chrostowskiego (1897 - 1947), który studiował w Szkole Sztuk Pięknych pod kierunkiem Tadeusza Pruszkowskiego i Władysława Skoczylasa.

Przełomowy dla twórczości Chrostowskiego był rok 1932, od tego czasu poświęcił się drzeworytowi ilustracyjnemu i zdobnictwu książki. Jest autorem *Teki myśliwskiej*.

W roku 1948 Muzeum Narodowe w Warszawie urządziło wystawę pośmiertną dorobku artystycznego Stanisława Ostoi--Chrostowskiego. Wśród czterystu skatalogowanych prac zwracały uwagę myśliwych drzeworyty: *Kobieta z sarną*, *Św. Hubert*, *Sarenki*, *Kobieta z sarną II*, *Zraniony jeleń*. Ilustracje: *Sarny*, *Niedźwiedź*, *Łoś*, *Sarna*, *Myśliwy*, *Strzelba myśliwska*, *Łoś u brzegu puszczy*, *Wilki*.

4. Czasy współczesne

Odrodzenie życia łowieckiego po zawierusze II wojny światowej nastąpiło bardzo szybko, bo już w październiku 1944 r. w Lublinie zarejestrowano statut Polskiego Związku Łowieckiego i zaczęto organizować Związek. W dniu 25 stycznia wpisano urzędowo PZŁ do rejestru stowarzyszeń. Łowiectwo w Warszawie zaczęto organizować już na wiosnę 1945 roku, od lipca 1945 ukazywał się Biuletyn Informacyjny odbity na powielaczu, który zastępował wydawany do wybuchu wojny „Łowiec Polski".

Pierwszy numer tego oficjalnego organu PZŁ ukazał się w marcu 1946 roku pod redakcją Józefa Gieysztora. Organizują się koła i władze PZŁ, przygotowuje się projekt ustawy łowieckiej, dostosowujący strukturę PZŁ do struktury politycznej i społecznej Polski Ludowej.

Łowiectwo zaczyna być traktowane jako „planowe gospodarowanie zwierzyną zgodnie z potrzebami gospodarki narodowej i wymaganiami ochrony przyrody" (ustawa z 17 czerwca 1959). Ujęcie łowiectwa w plany hodowlane, planowe pozyskiwanie zwierzyny, prowadzenie gospodarki ochrony i hodowli zwierzyny w dzierżawionych obwodach, kieruje zainteresowanie myśliwych ku innym sprawom.

Temat łowiecki staje się coraz mniej popularny w literaturze i sztuce. Znów, jak w latach dużo wcześniejszych, w literaturze i sztuce tropić trzeba każdy łowiecki motyw. Nie pomagają zachęty, apele czy konkursy organizowane przez Polski Związek Łowiecki, który stara się w miarę sił i środków przejąć mecenat nad tym fragmentem literatury i sztuki.

Zanim jednak zaprezentujemy powojenną literaturę i sztukę, w której występują motywy łowieckie, wróćmy jeszcze na chwilę do czasu wojny.

Interesującym bowiem momentem jest działalność myśliwych, zamkniętych w obozach jenieckich po kampanii wrześniowej 1939 r. Odcięcie od świata zmuszało do tworzenia pozorów normalnego życia. W obozach powstawały liczne kursy samokształceniowe, kierowane przez specjalistów z różnych dziedzin. Myśliwi nie pozostawali w tyle. Organizowali koła łowieckie, prowadzili odczyty i wykłady. Specjalnie uroczyście obchodzono dzień św. Huberta. Koła takie działały m.in. w oflagu II C — Woldenberg i VII A — Murnau.

Szczególną działalność prowadzili myśliwi z oflagu w Dorsten. W dniu 3 listopada 1941 roku na wieczorze myśliwskim w oflagu Dorsten zorganizowano wystawę siedemdziesięciu dziewięciu obrazów o tematyce łowieckiej, wykonanych przez trzydziestu sześciu jeńców. Słowo wstępne na uroczystości wygłosił Józef Władysław Kobylański, przypominając zebranym historię łowiectwa polskiego oraz omawiając dorobek sztuki i literatury łowieckiej w okresie międzywojennym. W części artystycznej deklamowano wiersze i śpiewano pieśni łowieckie. Wszystkie eksponowane na tej wystawie dzieła obozowych artystów stemplowane były okrągłą pieczątką oflagu.

W 1943 r. J.W. Kobylański znalazł się w obozie w Dossel (oflag VI B). Z tego okresu zachowały się pamiątki, świadczące, że tam również prowadzona była jeniecka działalność artystyczna. W obozie w Dossel na zakończenie kursu malarstwa i modelarstwa urządzono wystawę. Na wystawie tej eksponowano wiele prac o tematyce łowieckiej.

Józef Władysław Kobylański jest w łowiectwie postacią nadzwyczaj ciekawą. Ogarnięty niezwykłą pasją zbieracza i bibliofila, zgromadził bogate archiwum o tematyce łowieckiej. Zbiory wykorzystywał do licznych publikacji, których ponad trzydzieści ukazało się na łamach „Łowca Polskiego". Do najciekawszych jego prac należy *Humor i łacina myśliwska* (Przemyśl 1929) — zbiór anegdot, humoresek, opowiadań i dowcipów.

W roku 1946 w Marzbergu wydał w nakładzie trzydziestu

egzemplarzy ośmiostronicową książeczkę zatytułowaną *Polowanie*. Może to i rzecz błaha, niewarta uwagi patrząc na nią od strony literackiej. Ale to przecież pierwsza wydana po wojnie książka łowiecka, a w niej czterowiersz:

„Hej! Hubercie! Odsłoń mi
Wielką tajemnicę
Czy tych łowów wrócą dni
Na polską ziemicę".

W czasie wojny nie ustała też działalność Polskiego Związku Łowieckiego. Pierwsze zebranie wojenne Naczelnej Rady Łowieckiej odbyło się 24 grudnia 1939 roku i od 1942 roku zebrania odbywały się systematycznie co dwa tygodnie w różnych mieszkaniach prywatnych. W roku 1943 rozpoczęła się stała praca w komisjach problemowych. Jedną z trzech takich komisji była komisja piśmiennictwa łowieckiego, której zadaniem było gromadzenie rękopisów i przygotowywanie ich do wydania po wojnie.

Pierwszymi po wojnie autorami, którzy w swej twórczości wiele miejsca poświęcili tematyce łowieckiej byli: Mieczysław Mniszek-Tchórznicki (1900 - 1950) i Zbigniew Kowalski (1907 - 1955).

Pierwszą książką Z. Kowalskiego był wydany przez Polski Związek Łowiecki w roku 1947 *Dziennik myśliwski*. Przedmowę do tej książki napisał Herman Knothe, wybitny działacz łowiecki.

Przeżycia łowieckie autora, spisane w formie dziennika, zamykają się datami 1918 - 1945. Jedno z tych opowiadań, *Dwa dziesiątaki*, którego fragmenty przytaczamy poniżej, opisuje polowanie na kozła. Autor w ciągu kilku lat próbował strzelić kapitalnego kozła, ale niestety, nie udało się. Wreszcie na kilka tygodni przed tragicznym wrześniem, dopisuje mu szczęście łowieckie.

„23 lipca 1939.
Na zrębach koło gajówki w 29 oddziale, podjechałem dobrego kozła. Kozioł jednak był ruchliwy i niespokojny. Wreszcie po dłuższym zataczaniu kół i kółek, udało mi się za rozłożystym świerczkiem zeskoczyć z wózka i chwycić w szkła czerwoną plamkę sztuki. Zdumiał mnie wtedy widok mokrych od rosy,

pięknych parostków. Przez chwilę zapomniałem nawet o sztucerze. Rogacz świetnie wykorzystał chwilę mojego niewczesnego zachwytu, usuwając się coraz dalej w sadzonki...

... Jedziemy wilgotnym borem, w różowym pyle zachodzącego słońca. Jedziemy piaszczystym gościńcem, zarośniętymi murawą dróżkami, potem wzdłuż prostych jak strzelił duktów, to znów po krętych, ledwo widocznych, leśnych ścieżynkach. Wreszcie na czystym zupełnie, tegorocznym zrębie, pod ścianą starodrzewia, daleko, dostrzegam idącego krokiem kozła.

Kozioł zoczył nas jednocześnie, i znajduje się już w kłusie. Zeissowski Binocten wędruje do oczu.

To on, nasz kapitalny. Ósmak.

Ale rogacz nie czeka, rusza galopem, jeszcze trzy, dwa skoki i pochłania go las. Przyspiesznik został naciągnięty o ułamek sekundy za późno. Ach! żebym był przyglądał się rogaczowi przez lunetę, a nie przez lornetkę. Ale nie czas na zmartwienia. Krótkim psyknięciem zatrzymuję woźnicę. Po czym ostrym kłusem objeżdżamy kulisę dookoła. Może uda nam się jeszcze przyłapać rogacza z drugiej strony wąskiego pasma starodrzewia.

Kiedy tłukący deskami i dzwoniący żelastwem po nierównej dróżce wózek ukazuje się na następnym zrębie, dostrzegam przez ostatnie drzewa kozła uchodzącego halizną w kierunku gąszczów na Zarębskich Pieńkach. I zanim woźnica zdążył zwolnić, a ja zeskoczyć, kozioł na czystym miejscu przystaje. Bez zastanowienia, szybko, prawie spod pachy strzelam.

Trafiony kozioł kładzie się w ogniu. Jednocześnie kątem oka widzę innego rogacza, nurkującego susem w gęste młodniki. Ruszam więc biegiem na miejsce strzału, ale dziwna wątpliwość co do tożsamości zabitej sztuki wkrada mi się do serca.

Dopadam zdobyczy. Schylam się.

To nie on. To omyłka.

3 sierpnia 1939.

Kilka rogaczy mam wygodnie na strzał, ale drzemiący gdzieś na dnie duszy instynkt łowiecki każe mi je wszystkie oszczędzać...

... Nagle, w czystym miejscu sztuka, sztuka w szybkim charakterystycznym ruchu, w ucieczce. To na pewno kozioł.

Zeskakuję i przytulam się szczelnie do cienkiej rudej strzały drzewa... Wreszcie krzyż lunety zatrzymuje się na pracującej w chodzie łopatce zwierza... Luka, znów luka. Strzał. Kozioł leci naprzód i nieruchomieje.

Jest. Jest! to on, to ten o więcej niż sześciu „sęczkach".

Stoję przez dłuższą chwilę i wpatruję się we wspaniałe poroże. Jest cisza, ogromna cisza".

W tym samym, 1947 roku, Zbigniew Kowalski opracował do druku *Gawędy łowieckie* Aleksandra Danilczuka, wydane przez Spółdzielnię „Las". Autor *Gawęd* był oficerem kawalerii w garnizonie rosyjskim na pograniczu Chin, w Kraju Ussuryjskim i wolny czas poświęcał na polowanie. Następne książki Z. Kowalskiego to: *Czytam las* (Warszawa 1957), powieść dla młodzieży, *Leśniczówka w Wilczym Kącie* (Warszawa 1956), *Order Zielonej Różdżki* (Warszawa 1954) i literatura fachowa: *Polowanie. Wskazówki i rady praktyczne dla młodych myśliwych* (Warszawa 1952), *Używanie broni i bezpieczeństwo na polowaniu* (Warszawa 1946 i następne wydania 1947, 1950), *Wilk i jego zwalczanie* (Warszawa 1953), *Ustawa o szkodnictwie leśnym i polnym* (Warszawa 1947), *Polskie Krainy Łowieckie* (Warszawa 1954 — wspólnie z Markiem Sadzewiczem).

Pod koniec lat pięćdziesiątych ukazują się książki Jana Edwarda Kucharskiego (1915 - 1979), które zarówno u młodych, jak i dorosłych czytelników zdobywają ogromną popularność. Są to: *Leśne godziny* (Warszawa 1958), zbiór trzydziestu jeden krótkich przygód myśliwskich, *Co komu z lasu?* (Warszawa 1965) — czterdzieści dziewięć miniaturowych opowiadań, w których narratorem jest zakochany w lesie, zapalony myśliwy. Przy opisach polowań czytelnik poznaje nieznane laikowi zwyczaje zwierząt, prawa rządzące naturą, a także obyczaje i życie ludzi lasu. W wielu opowiadaniach las służy do pokazania losów ludzkich, dążeń i przeżyć współczesnego człowieka. *Zeszyt z brzozowej kory* (Poznań 1968), to powieść ujęta w formie notatek. Barwnie i sugestywnie opisane jest życie lasu. Wątek romansowy wtopiony jest w rytm przemian zachodzących w przyrodzie. Ponadto opowiadania przyrodniczo-łowieckie: *Befsztyk z bawołu* (Olsztyn 1978), *Dwa brzegi rzeki* (Warszawa

1971), *Przyniesione z lasu* (Warszawa 1980). Tę ostatnią książkę ilustrował dużej klasy myśliwy, poeta, grafik i działacz łowiecki — Andrzej Strumiłło. Przytaczamy fragment jednego z opowiadań:

„Na jelenim przesmyku.

Świt. Zimne mgły kłębią się przy ziemi. Ostatnie smugi zmroku wpełzają pod kępy świerczyn. Górą nadciąga delikatny, poranny powiew.

Piaszczystą drogę przecinają świeże tropy łań. Szły wolno, owalne wyciski rysują się wyraźnie na wilgotnym piasku. Minęły z lewej strony wyrwany niedawną nawałnicą świerk i weszły w wysoki las.

Nad drogą sterczy gęstwa żywych jeszcze, giętkich, wrażliwych korzeni.

Gdzieś daleko, koło jeziora, uparcie ryczy byk. Jest zmęczony, ryk rwie się co chwila, zamiera zniechęconym stęknięciem, ale po chwili zaczyna z tej samej nuty, próbuje wyzwania, milknie, nadsłuchuje.

Tak ryczą nad ranem młode, silne byki, zadufane w swoją potęgę, nie znające jeszcze goryczy porażki.

Opodal ozwało się głuche chrapnięcie. Nie miało w sobie nic z buńczucznego wyzwania, czuło się w nim spokój i groźbę powściąganą głęboką rozwagą. Zbliżał się stary zapaśnik.

Trzasnęła gałązka, na skraj drogi wychylił się potężny łeb w koronie wyniosłego wieńca. Ostre groty odbijały się jaskrawą bielą od prawie czarnych tyk. Jeleń stał nad tropem.

Powoli pochylił łeb, chwycił dolny wiatr, wciągnął go głęboko, aż do dna płuc. Szukał tej woni. Wygiął szyję ku górze, rozdął chrapy i z rochylonej gęby wypłynął mu stłumiony poryk. Drgał długo na białej parze oddechu.

I wtedy wzrok jego padł na plątaninę świerkowych korzeni, zwartych jak jelenie wieńce w starciu. Drgnął, pochylił czoło, w głębi piersi zabulgotał grzmot. Szybkie strumienie pary buchnęły z nozdrzy, grzbiet wygiął się, brzuch zadrgał kurczowo — skoczył.

Pochylony wieniec z głuchym łoskotem wbił się w korzenie. Prysnęły w górę drzewne odłamki, zaszumiały strumyczki piasku. Jeleń zachwiał się i zatoczył w bok. Stał tak na rozkraczonych nogach długą chwilę, lekko kołysząc łbem. Wplątany w koronę wieńca korzeń dyndał śmiesznie.

Powoli przychodził do siebie. Leniwie strząsnął piasek, podniósł łeb, potem go pochylił i złapawszy na nowo woń, za którą szedł całą noc — zaryczał głucho.

Tym razem w głosie jego drgał taki ból i męka, jakie ludzie przywykli wiązać ze zbliżaniem się spraw ostatecznych".

Kucharski pisał również książki dla dzieci, których tematem jest przyroda, a w bardzo dalekim planie łowiectwo. Są to *Zielone serca* (Warszawa 1957), *Deresz* (Warszawa 1958), *Michał i tajemnice dziadka* (Warszawa 1975).

Łowiectwo jest także pasją Edwarda Kopczyńskiego (1921), lekarza stomatologa, autora kilku książek, w tym również dla młodzieży: *Kłusownik chodzi nocą* (Łódź 1968), *Ślady na śniegu* (Łódź 1969), *Egzamin łowiecki* (Łódź 1970, 1983). Bohaterami tych książek są dwaj przyjaciele i dziadek — zamiłowany myśliwy, który uczy chłopców poznawać las i łowiectwo. W 1971 roku wszystkie trzy książki ukazały się razem pod wspólnym tytułem *Przygody łowieckie*. W następnym roku również w Łodzi ukazała się książka *Będę orał śnieg*, która powstała po niezwykle ciężkiej zimie 1969 - 1970 i opisuje pomoc niesioną zwierzynie przez młodzież i myśliwych. Poruszony w niej został także problem kłusownictwa. Dla starszej młodzieży przeznaczona została powieść *Młokos* (Łódź 1973). Zbiór opowiadań *Kaczki powracają wiosną* ukazał się w 1970 r., a w roku 1980 *Myśliwskie opowieści*, skąd pochodzi cytowany niżej fragment:

„Poluję już od wielu lat, jeszcze trochę i stuknie mi moje prywatne łowieckie trzydziestolecie. Pisząc o trzydziestoleciu, wzdycham trochę smętnie, bo co tu bajać, dysponowało się kiedyś lepszą kondycją, miało się inną krzepę, polowało się, jak to się zwykło mówić, deszcze nie deszcze, śnieg nie śnieg.

Dzisiaj również nie jest źle, zdrowie dopisuje, dotrzymuje się jeszcze kroku młodym kolegom, ale doświadczenia łowieckie wyniesione z pól i lasów, szczególnie z lat ostatnich, każą przezornie patrzeć w przyszłość...

Łowieckie trzydziestolecie, tylko moje, zapisane w sercu, nie do odebrania. Wspomnienia. Ile wspomnień... Nigdy ich nie zapomnę, na zawsze zostaną moją własnością, choćbym pętał się po tym świecie i sto lat. Polowało się z pasją, z zacięciem, często nie licząc na zdobycz, ważne było tylko, by być w polu, w borze, by wyjść naprzeciw przygodzie...".

Autorem opowiadań o tematyce przyrodniczej z elementami łowieckimi jest Teodor Goździkiewicz (1903). Jego dorobek literacki to ponad trzydzieści tytułów książek, pięćdziesiąt wydań i około pół miliona nakładu. Autor debiutował w piśmie „Łowiczanin" w roku 1923, ale wydanie pierwszej książki *Głosy z daleka* nastąpiło dopiero po piętnastu latach. W roku 1955 wydaje Goździkiewicz pierwszy zbiór opowiadań o tematyce przyrodniczo-łowieckiej *W lesie i pod lasem* i tej właśnie tematyce pozostaje wierny przez następne lata. W roku 1956 ukazuje się pierwsze wydanie powieści *Kniejówka*. Akcja powieści toczy się w pierwszych latach po wojnie. Dawny kłusownik zostaje gajowym w Kniejówce. Życie zwierzyny i ludzi ciągle zakłócane jest przez wilki, które nadmiernie rozmnożyły się w okolicy. W tym samym roku wychodzą szkice *Okruchy przyrody*, w 1957 r. opowieść *Drapieżcy*, w 1958 r. *Cienie lasu* — pięć większych opowiadań, w których zawarta jest historia lasów kujawskich; w 1959 r. *Zapisane ptasią łapką* — to dwadzieścia opowiadań o ptakach zamieszkujących pola, łąki i lasy; w 1961 r. *Reksy, Smyki, Zagraje* — opowiadania o psach; w 1963 r. *Kronika zielonych zdarzeń* — szkice literackie, w których umęczone przez wiejskich chłopców pisklęta, zabłąkana żaba i bezmyślnie okaleczony świerk są symbolem bezbronności przyrody wobec człowieka; w 1967 r. *Znajomą ścieżką* — wybór opowiadań z poprzednich książek; w 1970 r. *Wiatr gałązkę niesie* — szesnaście opowiadań ujętych w trzy cykle: Dawniej, Czas wakacji, Wczoraj i dziś. Te trzy części to trzy etapy w życiu autora, w którym chłopięca fascynacja przyrodą przechodzi w myśliwskie przygody człowieka dojrzałego.

Tematyka łowiecka znalazła również miejsce w bogatej twórczości: Romana Bratnego, Bohdana Czeszki i Janusza Meissnera. Dlaczego „znalazła również miejsce", na to pytanie jak i na wcześniejszą refleksję o braku współczesnej powieści łowieckiej odpowiedział Roman Bratny w roku 1982 na łamach „Łowca Polskiego". Warto zacytować obszerny fragment tego wywiadu.

„Ł.P. — Jak to właściwie jest? Mamy wśród siebie pisarzy — i to bardzo wybitnych — a mówi się, że nie ma współczesnej literatury łowieckiej?

R.B. — Już samo sformułowanie pytania jest błędne. Nie ma i nie może być literatury, która się da tak łatwo skatalogować środowiskowo. Na miły Bóg, Conrad nie jest pisarzem „morskim", choć morze stanowi tło decydujące o wielu sytuacjach, ale przecież nie są to sytuacje powiedzmy «sztormowe» czy «nawigacyjne» tylko moralne. Myślę, że apele o «literaturę łowiecką» to jakieś echo dawnych czasów «inżynierów dusz», literatury «górniczej», «hutniczej» itp. To są pożegnane, na szczęście, widma. Natomiast można zadać sobie pytanie, czy myślistwo, czy przyroda w ogóle, znajduje dla siebie miejsce na kartach literatury, miejsce równie ważne jak zajmuje w życiu. Na takie pytanie odpowiem ograniczając się do «podwórka» własnej twórczości. Otóż tak. Na kartkach moich wspomnień — poluję ja, na kartkach powieści i opowiadań polują moi bohaterowie — czyli znowu ja. Wyrażam przekonanie, że i ta dziedzina stanowi mikrokosmos, w którym odbija się świat — okrutny, gdy jest okrutny, sielankowy, gdy świat przebiera się w wiosenne trawy i liście...

Wszak moje najlepsze okupacyjne opowiadanie to *Naganiacz* — historia tragedii grupy żydowskich uciekinierów, ogarniętych przypadkowo przez kocioł urządzanego dla Niemców polowania. Groza ówczesnego świata streszczona została w sytuacji, gdy zbrodniarz wykonuje z broni śrutowej «dubleta» — zając, człowiek... Któżby się ośmielił włączyć to opowiadanie do «literatury łowieckiej»? A z kolei gdy szukam na kartach swoich refleksji o przemijaniu ludzkiego żywota, to zawsze przypominam sobie opis głuszcowego świtu...

— Więc czym jest dla pana myślistwo? Mówi się potocznie «hobby»...

— To za mało. Kiedyś napisałem o polowaniu szkic, który zatytułowałem — «Hobby wielkie jak łoś»:

«Co nas tam prowadzi w głuche noce? Co każe czołgać się w stronę wschodzącego słońca? Co każe patrzeć nam z żalem i dumą jednocześnie na poległe z naszej ręki piękno?

Co nam każe polować? Co za siłę ma to hobby, sprowadzające nas z asfaltowych szlaków cywilizacji w ostatnie bagienne uroczyska, wówczas gdy nic nie wydaje się tak mało naturalne we współczesnym urbanizującym się w szaleńczym tempie technicystycznym świecie, jak właśnie natura.

Jak przetłumaczyć na pojęcia socjo- i psychologiczne fakt, że wilcze wycie w podkarpackich lasach zdaje się podpowiadać profesorowi filozofii jakaś niezrozumiałą treść życia?

Pojmą mnie nie tylko myśliwscy hobbyści. Samotny jest bowiem i każdy człowiek szukający prawdy o życiu i sobie w okolicznościach niepowszednich. Choć nie każdy sobie to uzmysłowił, choć nie każdy umiał wybrać swoją chimerę, każdy z instynktu jej potrzebuje. Moja chimera jest dla mnie istotną częścią ojczystego pejzażu.

Chociaż przeżywałem na łowach w tajdze Dalekiego Wschodu noce pod niebem wybitym gwiazdami, spod których niósł się ku naszemu ognisku krzyk dzikich gęsi, ciągnących w ciemności, to przecież w końcu ta pasja zbliżyła mnie przede wszystkim do czegoś, co nazwałbym materialnym kształtem ojczyzny: do jej ziemi, przyrody, pejzażu.

Więc czego szukasz? — pytam sam siebie. — I co znajdujesz?

Na pewno schronienie w naturę, w jej odwieczny spokój, poczucie oczywistości, jej nieubłagalnych rytmów. Wiem, że tam właśnie, w znajomych miejscach lasu, konfrontując siebie ze wzrostem idących wciąż w górę młodników, bogacących się co rok, odnajduję paradoksalne pogodzenie z całym smutkiem przemijania jako formą naturalnego naszego statusu w świecie istot żywych.»

— A więc polowanie, łowiectwo, to dla pana przede wszystkim kontakt z przyrodą.

— Powiedziałbym tak: przyroda spotykana w okolicznościach awanturniczych — przygodowych. Ale też powiedziałbym, że to coś więcej. Może to zabrzmi śmiesznie, ale dla mnie polowanie to sposób na życie, na przetrwanie wśród ciągłych stresów współczesnego świata i naszej ojczyzny.

Wie pan, natura to wielki nauczyciel dystansu wobec spraw, które wydają się tak niezmiernie ważne, że zapomina się, że i one będą należeć do przeszłości, a pozostanie wieczny rytm natury. Te wieczne rytmy, ich wyczucie, kontakt z nimi, to właśnie czynnik dystansujący wobec kołysań i wstrząsów historii.

— Ale przejdźmy od filozofii do praktyki. Jakie polowanie ceni pan najbardziej?

— Z tego, co można w Polsce przeżyć, najwyżej stawiam głuszca. To są chwile niezrównane. Zawsze mogę każdego swojego głuszca opowiedzieć z dokładnością do jednej gałązki, jednego «szlifu» czy «korka».

«A to był ten ranek, a to był ten ptak do wiecznego zapamiętania. Odezwał się w głuchej nocy, otwartej tylko sierpem księżyca. Prowadził mnie skaczącego po cztery, potem po trzy kroki, potem sunącego jeden krok i drugi z powrotem, potem stojącego przez jakieś minuty z niewygodnie przekrzywioną głową, z nogą uwięzioną w jakimś wykrocie. Milczał. Nie wolno odetchnąć, żeby nie usłyszał, robi się tak cicho, że przeklinam własne serce dudniące jak podkuta obręcz na bruku. I odezwał się znowu, ogłuchł w gwałtownym świrze trelu, który zwą «szlifowaniem» albo raczej «głuchą pieśnią». O, wtedy można strzelić omyłkowo, mierząc w rozcapierzoną po ptasiemu na tle księżyca gałąź, a on nie odleci, nie słyszy nic. Ale nie było go na tle nieba. Nie bałem się — grał. Grał bez przerwy, dając co chwila głuchą pieśń. Obchodziłem wkoło wysoką sosnę, chcąc go obrócić na księżyc. Miałem wrażenie, że to nie ja, niesłyszalny, że to ziemia sama kręci się dokoła tej wysokiej sosny, na której... I wtedy nagle przed głuchą pieśną on zamarł, a ja stąpnąłem w przepaść już uświadomionej ciszy. Z łomotem zerwał się z gałęzi. Leżałem upokorzony, aż przejął mnie chłód na wskroś. Kiedy wstałem, szczękały mi zęby. I wydawało mi się, że nie wrócę już nigdy tu, w te uroczyska Półgłówki. Lazłem nadsłuchując mimo woli i sam nie wierząc uszom zacząłem skakać w takt nowej pieśni. Grał drugi. Teraz nie było czasu. Skakałem po pięć szalonych susów. Bo głuszec może dać pieśni dziesięć, może dać dwadzieścia, ale może dać tylko pięć. Każda głucha pieśń to jedyny pewny skarb. Upokorzony, pełen niewiary i strachu, skakałem naprzód w pierwszym brzasku. I wtedy poprzez rozsnutą tuż przed twarzą tarczę pajęczyny zobaczyłem go. Ogromny z rozpostartym ciężkim wachlarzem ogona, z wyciągniętą do przodu piersią, z łbem uniesionym jakby chciał krzywym dziobem ściągnąć tu resztkę księżyca.

Po strzale poczułem, jak dygocą pode mną nogi. Usiadłem pod drzewem, przy którym stałem. Straszliwa suchość w gardle, głuchy męczący kaszel do łez. Upadłem twarzą w mech. Leżeliśmy obok siebie. On już po pieśni.»

Cytowany fragment pochodzi z książki Romana Bratnego *Historia najnowsza u Antka Półgłówki* wydanej w roku 1964. Bohaterem tytułowego opowiadania jest chłop, kłusownik i myśliwy, w którego losach odbiła się w sposób charakterystyczny najnowsza historia Polski. Natomiast pierwszą książką tego autora, w której pojawiły się elementy łowieckie, był zbiór opowiadań *Niespokojne tropy* wydany w roku 1951. Książka-reportaż z wyprawy do tajgi w dorzeczu Amuru, pełna egzotycznej przyrody i polowań. Do polowań nawiązuje również Bratny w innych swoich książkach: „Losy'' (1973), Pamiętnik moich książek (1978), wspomniane w wywiadzie *Hobby wielkie jak łoś* (1972). Łowiectwo w trudnych dniach przemian społecznych jest tematem jednego z opowiadań *Ryczeć dla odnowy*, które weszło do wydanej w 1983 roku książki *Koszenie pawi. Co las mi powiedział* to najnowsza książka Bratnego o tematyce myśliwskiej.

W roku 1961 na półkach księgarskich ukazała się *Makatka z jeleniem* Bohdana Czeszki. Książka składa się ze szkiców wspomnień i opowiadań opartych na przeżyciach myśliwskich autora. Przeżycia te są pretekstem do refleksji o życiu ludzkim. Wśród opowiadań: *Trzy ćwierci do śmierci*, *Kawał życia*, *Deszczowe gadanie*, *Stonogi*, *Kret*, *Bal u weteranów*, *Z kalendarza łowieckiego*. Opowiadania myśliwskie Czeszki zamieszczane były również w innych zbiorach.

„... cenię sobie myśliwski sposób patrzenia na pejzaż. Ten sposób patrzenia polega na rzeczowym jego odczytywaniu z punktu widzenia konkretnych zainteresowań. Jeden z mych łowieckich mentorów, nieżyjący już pan Kowalski, prowadził przed kilku laty kurs dla wilczarzy. Dostać wilka jest niezmiernie trudno, a stały się one plagą po ostatniej wojnie, kiedy przyciągnęły do nas ze wschodu, idąc za armiami podkarmiającymi je obficie trupami ludzi i zwierząt. «Komu wojna — komu mat'rodnaja» — mawiają Rosjanie.

Pan Kowalski prowadził swój kurs latem czy wczesną jesienią, gdzieś na północnym wschodzie kraju. W tych warunkach kurs miał charakter teoretyczny, ponieważ wilka nie można otropić, gdy nie ma śniegu, a głos daje on rzadko o tej porze roku. Kursanci przeprowadzali pewnego dnia ćwiczenia praktyczne, których celem była nauka prawidłowego «fladrowania», to znaczy otaczania chorągiewkami umocowanymi na sznurze ostępu, w którym wilk zaległ.

Wilk, teoretycznie rzecz biorąc, boi się owych „fladr" i umiejscowiony przez nie, a spłoszony, winien wyjść na myśliwego.

Pan Kowalski popatrzył na las i polecił w «ciemno» otoczyć fladrami wybrany przez siebie ostęp, zachowując wszystkie wymagane przy tym ostrożności. Po czym utworzył przejście we fladrach i ustawił w nim myśliwych. Jeden z kursantów wszedł do miotu, wygarnął ze strzelby i na linię wysznurowały jak najbardziej prawidłowo dwa wilki. Pan Kowalski miał pretensję do kursantów za chybione strzały. Tłumaczyli, że nie wierzyli, nie naładowali strzelb i czynili to dopiero, widząc pomykające zwierzęta. «Przecież mówiłem, że mogą być wilki... sierdził się pan Kowalski. — One musiały zalec w takim pięknym kawałku lasu». Dla niego piękny kawałek lasu to była garść karłowatych sosen, chorych i zmiętolonych, rosnących na grondzie pomiędzy kisnącymi bagnami. Było to bowiem «wilcze miejsce».

Zrąb lub wiatrołom położony w pobliżu młodników będzie «miejscem rykowiskowym» dla jeleni. Sosny, chudy lasek rosnący na piasku, chętnie zamieszkują króliki. Świerk to ulubione drzewo dzika. Słonka ciągnie w olszynach. Cietrzew lubi ziemie złe, zakrzaczone, porosłe jałowcem, podmokłe, sapowate... Och, nie bądźcie zadufani, nie tylko ludzie dają się przywieść na hak dzięki swym przyzwyczajeniom". Cytat ten pochodzi z książki „Makatka z jeleniem".

Janusz Meissner (1901 - 1978) wydał dwie książki z opowiadaniami myśliwskimi. Pierwsza to *Wilk, ryś i dziewczyna* wydana w 1947 roku. Składa się z siedemnastu opowiadań z różnych okresów twórczości autora. Część z nich drukowana była w tomie *Pierwsze kroki*. Opowiadania myśliwskie to: *Wiosenne toki*, *Na ostrowach*, *Polowanie na młode cietrzewie*, *Polowanie wigilijne* i opowiadanie tytułowe. Duża znajomość obyczajów myśliwskich, techniki polowania i życia zwierząt cechuje wydaną w 1961 r. *Opowieść pod psem a nawet pod dwoma*. Lekko i z humorem właściwym autorowi pokazane są przygody myśliwskie, myśliwskie typy, a na ich tle dwie wybitne psie osobowości — dwaj wierni towarzysze łowów:

„Byłem niedaleko owego jaru, gdy usłyszałem w tamtej stronie łopot skrzydeł, dwa strzały, a zaraz po nich rozpaczliwy okrzyk doktora:

— Cholera! Janusz!

W pierwszej chwili pomyślałem, że nasz kochany doktor łupnął do kury i co gorsza — celnie. Ale obejrzawszy się, zobaczyłem go kilkadziesiąt kroków nad skarpą i tknęło mnie złe przeczucie, stało się coś poważnego...

Dziunek, pochylony w przód, blady jak papier wypatrywał czegoś na drugim brzegu. Zatkało go zupełnie; bo kiedy do niego podbiegłem, przewracał tylko oczami i drżącą ręką wskazywał przed siebie, a zęby dzwoniły mu jak kastaniety.

— Za... za... zabiłem człowieka! — wybełkotał w końcu.

Zrobiło mi się gorąco. W mgnieniu oka uświadomiłem sobie przebieg tragicznego wypadku: bażant zerwał się spod krzaka i przeleciał nad jarem, a on strzelił za nim poprzez gałęzie w kierunku świeżo obsianego pola, na którym ktoś się wałęsał, i wydarzyło się nieszczęście...

— Widziałem, jak... jak upadł — powiedział Dziunek — nie rusza się. Rany Boskie!... Chodźmy do niego, chodźmy...

Powtarzał w kółko «chodźmy», ale trząsł się jak galareta i nie bardzo mógł ruszyć się z miejsca, więc nie czekając, aż się opamięta, sam pospieszyłem ratować ofiarę jego nieostrożności.

Zjechałem w dół po stromym zboczu, dałem susa przez wodę, wdrapałem się na brzeg i — ujrzałem trupa...

Leżał w polu, tuż blisko, rozciągnięty na wznak, z rozkrzyżowanymi ramionami, nieruchomy, sztywny i milczący na zawsze... Na chudej, zapadniętej piersi czerwieniło się coś jak struga świeżej, jeszcze nie zakrzepłej krwi, a stary, wyrudziały i dziurawy kapelusz osunął mu się z głowy i zasłaniał twarz zwróconą ku niebu.

Stałem jeszcze jak wryty, przejęty tą tragedią, gdy Cap wysunął się przede mnie, obwąchał zwłoki, a potem — bez najmniejszych względów dla powagi śmierci — podniósł łapę i obsikał je obficie, właśnie w chwili gdy z nadbrzeżnych zarośli ukazał się blady jak upiór, podrapany i ociekający zimnym potem Przegalinder.

— Pójdziesz ty stąd? — jęknął zrozpaczony tą profanacją.

Cap spojrzał na niego zdziwiony, odszedł na trawę, energicznie wytarł nogi i pokiwał przyjaźnie serdelkiem.

— A ty — nic?! — zwrócił się do mnie z wyrzutem zabójca.

Nie odpowiedziałem, bo tylko największym wysiłkiem mogłem powstrzymać wybuch śmiechu. Na dobitkę zauważyłem, że doktor jest bez binokli i trochę niedowidzi.

— Żyje? — spytał drżącym głosem.

Zaprzeczyłem zgodnie z prawdą.

— Dostał cały nabój śrutu prosto w pierś — wyjąkałem z trudem. — Pierwszorzędny strzał. Na medal!

Spojrzał na mnie jak na wariata, poruszył wąsikami unosząc górną wargę, ale widocznie zaświtała mu jakaś nadzieja czy też podejrzenie, bo wolno, krok za krokiem podszedł do trupa, przyjrzał mu się z bliska i wreszcie kopnął go z takim rozmachem, że omal sam nie rymnął na ziemię. Nieboszczyk wywinął kozła, z brzucha wysypał mu się wiecheć słomy, kapelusz potoczył się w bruzdę, a czerwona szmata uleciała z wiatrem i osiadła na przydrożnych łopianach.

— Co się tam stało? — dobiegł nas niespokojny okrzyk Mietka, który tymczasem udydolił drugiego koguta i przedzierał się ku nam przez krzaki.

— Dziunek zastrzelił stracha na wróble! — ryknąłem wesoło.

— Jakiego znów stracha? — oburzył się. — Przecież tu kura!

— Gdzie? — Zawołaliśmy razem.

— Urżnęliście się, czy co? Cap ją niesie. Zbarczona.

Istotnie Cap zbliżał się do mnie truchcikiem od strony pobliskiego rżyska, niosąc młodą kurę bażancią. Odebrałem mu ją i oddałem doktorowi, który teraz z kolei poczerwieniał jak piwonia.

— Nie ma co, zrobiłeś w takim razie dubleta — powiedziałem ze świadomym okrucieństwem".

W 1974 roku ukazały się tegoż autora *Opowieści pogodne*, a w niej między innymi opowiadania myśliwskie z omówionych wyżej książek.

Z innych ciekawszych pozycji, które ukazały się w tym czasie należy wymienić Jana Adamczewskiego: *Ja do lasu muszę* — 1969. Jest to zbiór opowiadań, które wiąże osoba narratora. Czytelnik razem z autorem uczestniczy w polowaniu na głuszce, jarząbki, kuropatwy, dzikie kaczki. Z humorem przedstawione są sylwetki myśliwych, uczestniczących w polowaniu. *Żuraw*, *Myśliwskie opowieści*, *Wiosenne toki*, *Gęś na dziko*, *W Puszczy Niepołomickiej*, *Siedzi zając pod miedzą*, *Góralski Hubert*, *Dziki w wazie* — to tylko niektóre tytuły z opowiadań zawartych w książce. W roku 1985 wyszedł zbiór opowiadań myśliwskich tego autora *Zielone godziny*.

Niezwykle interesującym autorem książek animalistycznych jest Tytus Karpowicz (1915). Jego *Księga Puszczy* wydawana w poszczególnych częściach systematycznie co kilka lat, osiągnęła kilkanaście wydań i nakład znacznie przekraczający sto tysięcy egzemplarzy. Autor ten zadebiutował pierwszym tomem *Księgi Puszczy* — *Szlakiem czarnego zwierza*, potem w roku 1962 ukazał się *Tytan — byk nad byki*, w 1966 r. — *Saga o niedźwiedziu*, w 1970 r. — *Piewca kniei*. Trzy z nich *Szlakiem czarnego zwierza*, *Bałabuszka — złoty lis*, *Tytan — byk nad byki* — wydane zostały razem pod wspólnym tytułem *Księga Puszczy* w 1966 r. (wyd. II 1971).

Karpowicz studiował w Warszawie na SGGW inżynierię leśną, dodatkowo socjologię i etnografię na Uniwersytecie Warszawskim. Ukończył po wojnie polonistykę we Wrocławiu.

1. *Popielnica twarzowa z rytem sceny rytualnej i tarczy* — z Grabowa Bobowskiego koło Stargardu Gdańskiego

2. *Wilk goniący zdobycz*. Fragment bordiury Drzwi Gnieźnieńskich (XII w.)

3. *Pracownia Miecznika* — Kodeks Behema (1505).

4. Bartosz Paprocki — *Koło rycerskie* — *Łowienie ptaków w sieci* (1575)

5. Mateusz Cygański — *Myślistwo ptasze* (1584)

6. Jan Ostroróg — *Myślistwo z ogary* (1618) — strona tytułowa. ▶

MYSLISTWO
Z OGARY
IANA
HRABIE
Z OSTROROGA,
WOIEWODY
POZNANSKIEGO.

W Krákowie/

Bazyli Skalski Drukowal/ Roku Pańskiego

1618.

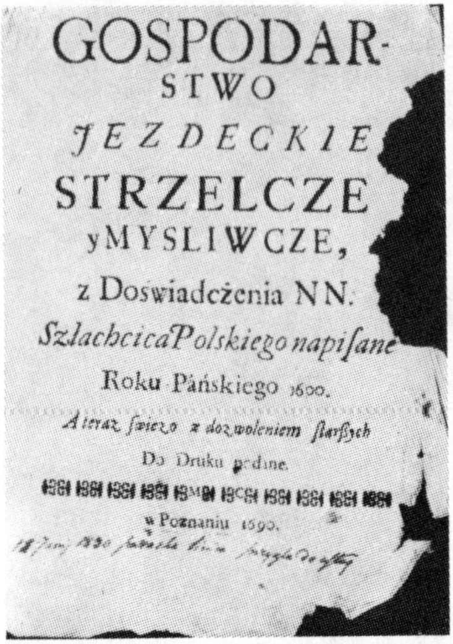
GOSPODAR-
STWO
JEZDECKIE
STRZELCZE
y MYSLIWCZE,
z Doswiadczenia NN.
Szlachcica Polskiego napisane
Roku Pańskiego 1600.
A teraz świeżo z dozwoleniem starszych
Do Druku podane.
w Poznaniu 1690.

7. *Gospodarstwo jezdeckie, strzelcze i myśliwcze* (1690) strona tytułowa

9. *Kusza myśliwska z herbem Poniatowskich Ciołek* (1725) Państwowe Zbiory Sztuki na Wawelu ▶

8. *Rożek na proch* — (XVII w.) Państwowe Zbiory Sztuki na Wawelu

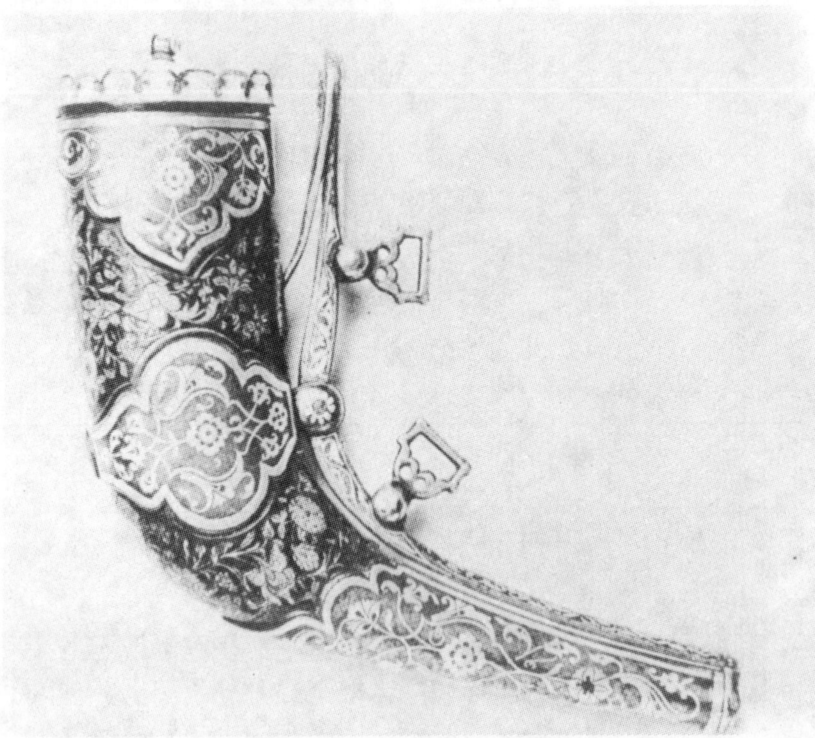

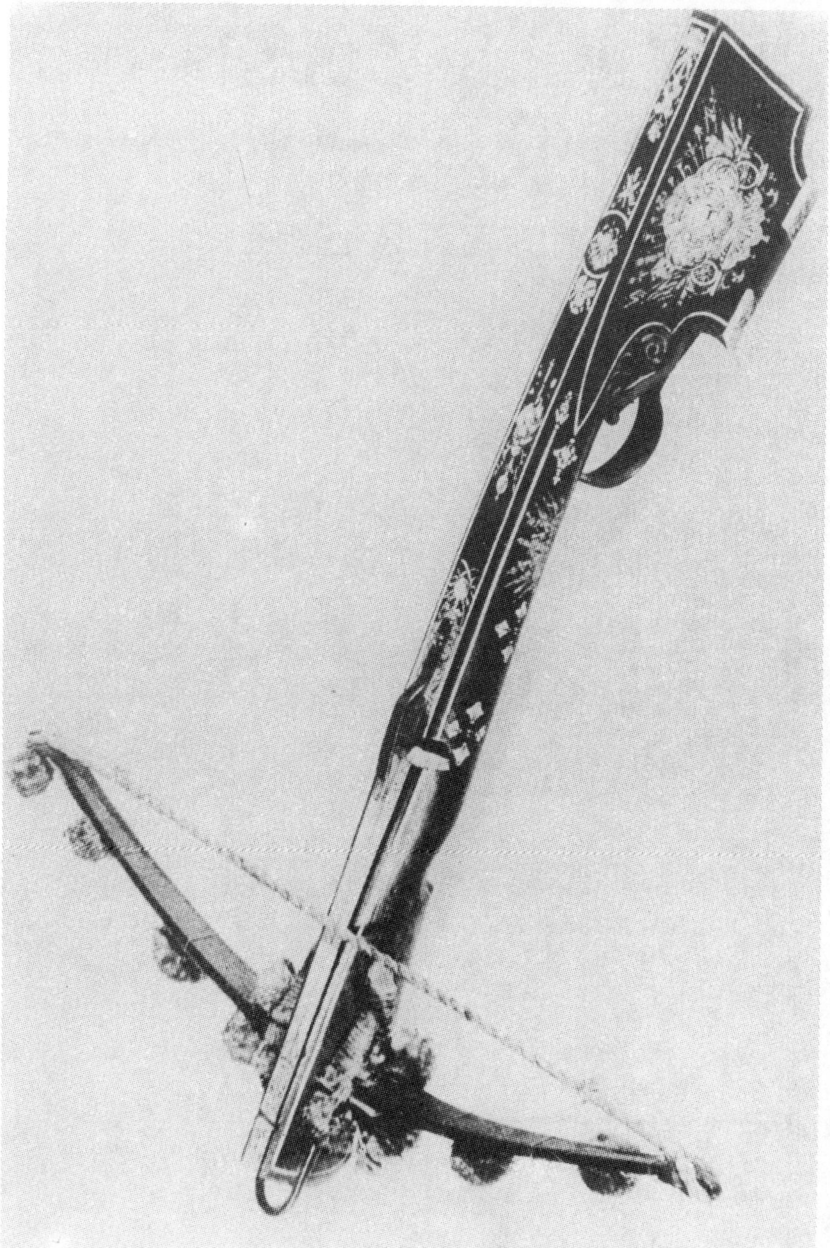

ZWIERZĄT

DOMOWYCH I DZIKICH,

OSOBLIWIE KRAIOWYCH,

HISTORYI NATURALNEY

POCZĄTKI I GOSPODARSTWO.

POTRZEBNYCH I POZYTECZNYCH DOMOWYCH, CHOWANIE, ROZMNOŻENIE, CHOROB LECZENIE, DZIKICH ŁOWIENIE, OSWOIENIE,

Z A Z Y C I E.

DLIWYCH ZAS WYGUBIENIE.

T O M I.

Z FIGURAMI.

O

ZWIERZĘTACH SSĄCYCH

PRZEZ

X. KRZYSZTOFA KLUKA

KANONIKA KRUSWICKIEGO

DZIEKANA DROHICKIEGO

PROBOSZCZA CIECHANOWIECKIEGO.

w WARSZAWIE 1779.

w Drukarni J. K. Mości i Rzeczypospolitey u XX. Scholarum Piarum.

11. Kazimierz Wodzicki — *O sokolnictwie i ptakach myśliwskich (1858) — sokół wędrowny*

◀10. Krzysztof Kluk — *Zwierząt domowych i dzikich osobliwie krajowych historii naturalnej początki* (1779) — strona tytułowa tomu I

12. Józef Weysenhoff — *Soból i panna* (1913) — ilustracja wykonana przez Henryka Weysenhoffa

13. Józef Brandt — *Napad wilków.*

14. Alfred Wierusz-Kowalski — *Na stanowisku*

15. Julian Fałat — *Polowanie na łosie* (1890)

16. Stefan Krzywoszewski — *Z wrażeń i przeżyć myśliwskich* — rysunki wykonał Kamil Mackiewicz

17. Władysław Skoczylas — *Na łowy*

18. Włodzimierz Puchalski
— *Ryś.*

19. Andrzej Stachurski
— *Żubr.*

20. Ludwik Maciąg — *Jeźdźcy* (1974) — olej

21. Maria Szymańska — *Knieja* (1976) — linoryt

W czasie wojny brał udział w walkach partyzanckich.

Życie zwierząt z książek Karpowicza ukazane jest na tle wspaniałej przyrody. Zwierzęta prowadzą egzystencję pełną niebezpieczeństw, zagrażających im ze strony innych, silniejszych zwierząt i ludzi, bo twarde prawa przyrody pozwalają przetrwać tylko najsilniejszym.

Autor wnika głęboko w psychikę zwierząt, stara się ukazać motywy ich postępowania. Ten sposób upersonifikowanego przedstawienia zwierząt przypomina nieco prozę Dygasińskiego i niektóre utwory Ejsmonda.

Karpowicz lata dzieciństwa spędził na Litwie i Białorusi. „Dlatego czytelnik znajdzie w *Księdze Puszczy* wiele ze świeżych doznań chłopca. Wplotłem je w gawędę, zasłyszaną u pewnego łowcy. Fragmentów tych opowieści słuchałem przy leśnych ogniskach, w stodołach, przed wiejskimi kominami... gawędulski łowca białoruski — tropiciel Ipolit Laudański z Kielojć opowiadał o życiu swojej ojczystej puszczy. Niemal wszyscy słuchacze dobrze wiedzieli, że stary łowca sporo fantazjuje. W jego gawędach jeż Czubek przyjaźnił się z warchlakiem Żukiem, sarenki Cichonóżka i Czujna zawierały znajomość z małą dziczką sierotką, Bystrą, orzeł Łamignat atakował śmiertelnie ranną rysicę Czarnołapę... Za bardzo ujęły mnie opowieści Laudańskiego, bym ich poniechał. Przystąpiłem do wiernego ich odtworzenia". Taka jest geneza *Księgi Puszczy*, jednej z najpiękniejszych opowieści o zwierzętach w naszej literaturze powojennej.

„Był początek wiosny. Któregoś ciepłego popołudnia rodzinne stado Krzepkiej i Siwej — dwóch samic słynnego odyńca Leśne Widmo — spoczywało na zalesionych błotach Kamieliskiej Puszczy.

Bagna te miejscami pokrywał młody puszysty mech. Gdzieniegdzie zieleniły się świeżutkie jagodniki. Tam i ówdzie połyskiwały oka czarnych topielisk. Na cienkich nitkach czerwieniły się zeszłoroczne jagody żurawin. Wokół sterczały karłowate sosenki i brzózki. Nierzadko świerk wypryskał w niebo piękną piramidą.

W powietrzu wisiała cisza. W ciszy tej — jak gromada

namiętnych deklamatorów — owady powtarzały swe nieskończone wiersze...

Wetknąwszy nos w czarne, wilgotne błoto, dziki — leżąc na boku lub na podkurczonych biegach — zażywały rozkosznego chłodu.

Wysoko, pod niebem, skąd sypał się rażący pył słonecznego blasku, zataczał koła orzekł bielik. Szeroko rozstawił na wiatr sprężyste lotki. Podkurczył silne skoki. Lustrując pogmatwane gęstwiny rodzinne puszczy, szukał zdobyczy. Bystre jego ślepia, płonące pomarańczową tęczówką, świetnie orientowały się w łowieckim terenie.

Ho, ho, tyle lotów odbył Łamignat nad okolicą! tyle razy przeglądał pagórek za pagórkiem, grupę drzew za grupą, rzeki, jeziora, Matecznik Cieżkołapego, Rysie Pielesze, Ustronie Wilcze, czarny Wądół, Uroczysko Dębowe, skraje lasów z polami chłopskimi, łąki, bagniska...

Krążąc teraz nad rozmajonym lasem, czerpał zachętę do łowów w odległym, wysokim drzewie, na którego gałęzi kołysało się lekko, rytmicznie jego gniazdo z trzema główkami jasno upierzonych orląt.

Pasiasty drobiazg dziczy spał u boku starych matek, które znane były strażnikom puszczy: jedną za jej siłę zwano Krzepką, drugą — wobec jaśniejszego ubarwienia barków — Siwą. Śmiesznie rozwalone, z rozrzuconymi jak dzieci kończynami, warchlaki leżały w chłodnawym błocku, co pewien czas pociesznie przewracając się z boku na bok. W żelaznej obręczy matczynej troski nawet w tych okolicznościach — uszka małych stworzeń strzygły w instynktownej pogoni za odgłosami leśnego życia. Brązowe ryjki wciągały powietrze głęboko, badawczo...

Orzeł z powodu bitności nazywany w Kiemieliskiej Puszczy Łamignatem, spostrzegł dzicze stadko. Zaznaczył to krótkim postojem w powietrzu. Zapewne uradował go widok obfitego żeru. Krążył dalej. Widać czekał na moment, kiedy lepiej uderzyć.

Koła, jakie zataczał, przeniosły go teraz nad miejsce dziczego spoczynku. Mogło się wydawać, że ptak z przyjemnością korzysta z silnych prądów powietrznych; lekko manipulując skrzydłami i ogonem, z największym spokojem krążył w górze nieomal przez całą godzinę...

Nagle wybrał sposobny moment!

Ściągnięte skrzydła, głowa w dół... i potężny ptak strzelił ku ziemi jak piorun... Ostry poświst piór... Jak bicze ściobnęły w kark prosiaka niezawodne szpony. Młotek głowy uniósł się i opadł. Zakrzywiony dziób kilkakrotnie uderzył w młody czerep".

W roku 1957 ukazały się *Opowieści myśliwskie*. Jest to zbiór wspomnień myśliwych z okresu czterdziestu lat. Są to bezpretensjonalne, lekkie opowiadania i gawędy o autentycznych wydarzeniach, które najbardziej wryły się w pamięć autorów. Na treść książki składają się przygody i przeżycia myśliwskie, niepowodzenia i zwycięstwa. Wzruszające są opowiadania o tych towarzyszach, którzy odeszli do Krainy Wiecznych Łowów. Autorami opowiadań są: Janusz Steliński — *Patrząc na moje trofea*, Stanisław Steliński — *Kulą i śrutem*, Józef J. Szczepkowski — *Dwa opowiadania*, Roman Feil — *Złom Jedliny*, Janina Lasocka i Leon Popławski — *Ze wspomnień szpicaka*, Michał Sumiński *Upolowałem reportaż*, Władysław Zabiełło — *Bywa i tak*.

W rok później wyszedł zbiór *W polu i w kniei*, składający się z dwudziestu siedmiu opowiadań. Są to wspomnienia przygód łowieckich z czasów przedwojennych i współczesnych, a wśród nich: Karola Bunscha *Wilczy las*, *Są i tacy*; Bohdana Hamery *Gęsia przygoda*, *Na dzikiego łabędzia*, *Nie o samego byka chodziło*, *Co ma wisieć...*, *Huragan*, *Dwa strzały*, *Wilcza niespodzianka*, *Niedźwiedzi kąt*; Janusza Meissnera *Polowanie na młode cietrzewie*, *Chudzielec*; Eugeniusza Paukszty *Ostatni z wielkiego turzycowiska*, *Wśród ludzi*, *Miłość lasu*; Marka Sadzewicza *Gody*.

Darz bór — to kolejny zbiór dwudziestu sześciu opowiadań o tematyce myśliwskiej, wybranych z konkursów „Łowca Polskiego". Zbiór ten przygotował do druku długoletni redaktor naczelny „Łowca Polskiego" Józef J. Szczepkowski (1917 - 1973).

Opowiadania ułożone zostały w kolejności pór roku, dając obraz wielu łowieckich wypraw i towarzyszących im, często niebezpiecznych, przygód. W zbiorze znalazły się między innymi opowiadania: Ryszarda Maciejewskiego — *Krzyk dzikich gęsi*, *Słonka*; Krystyna Mazurkiewicza — *Archipelag czarnych kogutów*, *Malowane kozły*, *W Serbach był kot*; Albina Kryńskiego — *Lekcja*, *Złodziej*; Józefa Szczepkowskiego — *Jelenie gody*; Henryka Gaworskiego — *Szydlarz*; Stanisława H. Wolańskiego — *Nieuchwytny byk*, *W górskiej kniei*; Edwarda Kopczyńskiego — *Emeryt*, *Z pamiętnika referenta Dreszcza*; Andrzeja Łepkowskiego — *Po burzy*, *Fatalny wieniec*.

Wymienione zbiory opowiadań były typowym dokumentem z wypraw łowieckich. Nie wyróżniały się niczym szczególnym w porównaniu z poprzednio wydanymi opowiadaniami, zarówno pod względem treści, jak i formy. Jak wszystkie poprzednio wydane książki o tematyce łowieckiej, mimo nakładów po dziesięć tysięcy egzemplarzy, błyskawicznie znikały z półek księgarskich.

Wśród pozycji książkowych lat powojennych na oddzielną uwagę zasługują albumy. Wydano ich kilkanaście. Początkowo z fotografiami czarno-białymi, później kolorowymi, zawsze w starannej szacie graficznej, na możliwie wysokim poziomie poligraficznym.

Szczególne miejsce w literaturze o tematyce łowieckiej okresu powojennego przypada też literaturze fachowej. Nie zagłębiając się w omówienie poszczególnych autorów i pozycji trzeba podkreślić, że ukazało się ich bardzo wiele.

Cenne zwłaszcza są pozycje monograficzne poszczególnych gatunków zwierząt łownych. Monografie takie wydawano już w okresie międzywojennym, jednak monografie powojenne, pisane przez wybitnych naukowców, są znacznie pełniejsze, opierają się bowiem na znacznie bogatszych i wszechstronniejszych badaniach naukowych. Są wśród nich między innymi: R. Dzięciołowskiego, E. Frankiewicza — *Dzikie kaczki*, Warszawa 1966; E. Frankiewicza — *Lis*, Warszawa 1962; Aleksandra Habera — *Dzik*, Warszawa 1969; Jerzego Kożuchowskiego — *Bekasy*, Warszawa 1948; Jerzego Kożuchowskiego — *Dzikie kaczki*, Warszawa 1951; Leona Popławskiego — *Kuropatwa*, Warszawa 1962; Piotra Sumińskiego — *Cietrzew*, Warszawa 1963; Piotra

Sumińskiego — *Borsuk*, Warszawa 1966; Józefa J. Szczepkowskiego — *Muflon*, Warszawa 1951; W. Walewskiego, S. Konarskiego — *Bażanty*, Warszawa 1957; Teodora Meissnera — *Głuszec*, Warszawa 1971; Zygmunta Pielowskiego — *Sarna*, Warszawa 1970. Monografie te są wprawdzie wznawiane, ale błyskawicznie znikają z półek księgarskich.

Ciekawą pozycję w powojennej literaturze fachowej stanowi *Łowiectwo dla leśników i myśliwych* Tadeusza Pasławskiego. Pierwsze wydanie tej książki ukazało się w 1957 r., a w roku 1981 osiągnęło już dziesięć wydań. Autor książki, naukowiec i znany działacz łowiecki, w czternastu rozdziałach zawarł całą podstawową wiedzę łowiecką od historii łowiectwa, przez omówienie zwierząt łownych i chronionych, broni, amunicji, psów, polowań, aż po nurtujący ciągle współczesnych myśliwych problem szkód łowieckich.

Jedyną dziedziną sztuki związaną z łowiectwem, w której możemy mówić o ogromnym rozwoju i sukcesach odnoszonych przez naszych artystów fotografików jest fotografia przyrodniczo-łowiecka.

Ta dziedzina sztuki związana jest nierozerwalnie z Włodzimierzem Puchalskim (1908 - 1979), którego życie to cała historia polskiej fotografii przyrodniczo-łowieckiej. A zaczęło się od współpracy z ,,Łowcem Polskim'' i sukcesu na międzynarodowej wystawie łowieckiej w 1937 r. w Berlinie.

Włodzimierz Puchalski był reżyserem, filmowcem i fotografikiem, pionierem polskiego filmu popularnonaukowego. Oprócz publikowania fotografii na łamach ,,Łowca Polskiego'' i innych czasopism, wydawał albumy z własnymi zdjęciami o tematyce przyrodniczo-łowieckiej i realizował filmy o tej tematyce.

W roku 1947 nakręcił film *Ptasia wyspa*, w 1949 r. — *Flora Tatr*, w 1959 r. — *W tundrach Arktyki*, w 1964 r. — *Puszcza Białowieska*, w 1971 r. — *Nasze zwierzęta stepowe*. Brał udział w wielu wystawach fotograficznych w kraju i za granicą. Wśród wydanych po wojnie blisko trzydziestu albumów fotograficznych, które były wielokrotnie wznawiane ukazały się: *Bezkrwawe łowy* (1950), *Wyspa kormoranów* (1954), *Wśród trzcin i wód* (1955), *W krainie łabędzia* (1956), *Ptaki naszych wód* (1957),

Flora Tatr (1957), *Zwierzęta naszych lasów* (1957), *Ruch w puszczy* (1960), *Portrety zwierząt* (1962), *Zwierzęta dalekich stron* (1967), *W skrzydlatym świecie* (1967), *Mieszkańcy lasów* (1967), *Przyroda Arktyki* (1968), *Przyroda Polski w fotografii* (1969), *Na rozlewiskach Biebrzy i Narwi* (1972), *Puszcza* (1975), *Ptaki naszych pól, łąk i wód* (1979), *Trofea obiektywu* (1980), *W krainie Czarnej Hańczy* (1986).

W roku 1973 ukazało się drugie (pierwsze w 1968 r.) znacznie rozszerzone wydanie albumu *W krainie łowów*. Album ten ma szczególne znaczenie dla naszego łowiectwa, przede wszystkim ze względu na mistrzowskie dobranie wspaniałych fotografii, które ukazywały nie tylko uroki polowań i polskiego krajobrazu, ale podkreślały wkład łowiectwa w ochronę przyrody i troskę myśliwych o zwierzynę.

Album składa się z kilku części: Z dziejów łowiectwa polskiego — omówienie historii łowiectwa na ziemiach polskich od czasów najdawniejszych do współczesnych; Zwyczaje i przesądy myśliwskie; Polskie krainy łowieckie; Polskie trofea w konkurencji międzynarodowej; Pies myśliwski; Ochrona przyrody a łowiectwo. Dalsza część to nastrojowe szkice literackie o polowaniu w poszczególnych porach roku i dobrane fotografie: portrety zwierząt, pejzaże, polowania, tropy, portrety nemrodów — wszystko to, czym żyje las i myśliwi. Współautorami tej pomnikowej dla naszego łowiectwa książki byli: Józef J. Szczepkowski, Arkady Brzezicki, Edward Frankiewicz, Jan Edward Kucharski, Władysław Mazurek i Tadeusz Pasławski.

Drugim fotografikiem, który poświęcił się również tematyce przyrodniczo-łowieckiej, jest Zdzisław Wdowiński. W 1963 r. wydał album *Foto-przygody*, zawierający ponad sto zdjęć, w 1973 r. *Na łowy* — album zawierający sto pięćdziesiąt cztery fotografie czarno-białe i dwadzieścia cztery kolorowe, ukazujące piękno przyrody w czterech porach roku. W 1976 r. wydany został album *Tropami bobra*. Zdzisław Wdowiński od dawna współpracuje z czasopismami przyrodniczymi i ,,Łowcem Polskim''.

Autorem wielu znakomitych fotografii o tematyce przyrodniczo-łowieckiej jest Włodzimierz Łapiński, leśnik z zawodu, autor albumu *W kniei* wydanego w 1980 roku i *Wędrówki po puszczy*

1987 r. Przyrodę Bieszczad fotografuje natomiast Tadeusz Budziński. W roku 1987 ukazał się jego album *Bieszczady*.

Wśród fotografików nie można nie wspomnieć Leszka Krzysztofa Sawickiego, Ryszarda Czerwińskiego, Andrzeja Stachurskiego — ludzi młodych, którzy już mają bogaty dorobek, a przed sobą jeszcze wiele sukcesów.

Podobnie jak Włodzimierz Puchalski, fotograficy nasi odnoszą sukcesy na wystawach międzynarodowych. W roku 1977 z inicjatywy Polskiego Związku Łowieckiego zorganizowano Międzynarodowy Konkurs Fotograficzny Krajów Socjalistycznych. Celem konkursu była prezentacja dorobku fotografii przyrodniczo-łowieckiej krajów socjalistycznych, jak również podkreślenie w artystycznej formie możliwie wszystkich walorów łowiectwa, jego roli gospodarczej, kulturotwórczej i rekreacyjnej.

Konkurs objął cztery działy tematyczne: I Zwierzyna w naturalnym środowisku, II Polowanie, III Tradycje i kultura łowiecka, IV Myśliwy — sojusznik przyrody. Do udziału w konkursie zostali zaproszeni zarówno fotograficy zawodowi, jak i amatorzy, a wszystkie nadesłane zdjęcia jury rozpatrywało na tych samych warunkach.

Międzynarodowy Konkurs Fotograficzny poprzedzony został ogłoszeniem eliminacji krajowych przez wszystkie kraje socjalistyczne. Na eliminacje krajowe, organizowane przez Polski Związek Łowiecki, wpłynęło sto siedemdziesiąt osiem prac dwunastu autorów.

Jury eliminacji krajowych, które obradowało pod przewodnictwem znanego plastyka Andrzeja Strumiłły, zakwalifikowało do udziału w konkursie sto siedem zdjęć. W kilka dni po zakończeniu eliminacji krajowych, zdjęcia wysłane zostały do Sofii, gdzie obradowało jury Międzynarodowego Konkursu.

Jury oceniło pięćset dziewięćdziesiąt jeden fotografii, nadesłanych z poszczególnych krajów socjalistycznych. Najwięcej fotografii, bo sto trzydzieści trzy, nadesłano ze Związku Radzieckiego, sto siedem z Polski, dziewięćdziesiąt osiem z NRD, osiemdziesiąt z Bułgarii, siedemdziesiąt jeden z Czechosłowacji i trzy z Ukraińskiej Socjalistycznej Republiki Radzieckiej.

Na podstawie przyznanych ocen jury zakwalifikowało do wystawy międzynarodowej sto siedemdziesiąt trzy fotogramy.

Zdjęcia autorów polskich zostały nagrodzone licznymi medalami. Nazwiska laureatów nie były żadną niespodzianką, ponieważ od wielu lat Włodzimierz Łapiński, Andrzej Stachurski, Włodzimierz Puchalski, Leszek Krzysztof Sawicki i Zdzisław Wdowiński publikują swoje znakomite zdjęcia przyrodnicze i łowieckie na łamach prasy krajowej i zagranicznej.

Jak już wspomnieliśmy wcześniej, współcześni artyści malarze, rzeźbiarze czy graficy nie przejawiają zbyt dużego zainteresowania tematyką łowiecką. Jaka jest tego przyczyna, trudno właściwie odpowiedzieć. Co pewien czas następuje wprawdzie ożywienie „łowieckiego życia kulturalnego", związane zwłaszcza z kolejnymi jubileuszami Polskiego Związku Łowieckiego i organizowane są wystawy łowieckie. Nieraz naprawdę okazałe, ale w większości eksponowane są na nich trofea łowieckie, czasem fotografie, ewentualnie wyroby rzemiosła artystycznego. Bardzo rzadko prezentuje się dzieła mistrzów pędzla, a już jeżeli to kilku uznanych malarzy z XIX wieku.

Wprawdzie w roku 1948 zorganizowano w Poznaniu wystawę grafiki, ale pokazano na niej dorobek starszego pokolenia i właściwie inicjatywa poznańskich działaczy łowieckich nie znalazła kontynuatorów.

Z okazji dwudziestopięciolecia PRL w roku 1969 zorganizowana została pierwsza po wojnie Ogólnopolska Wystawa Łowiecka. Głównym tematem wystawy były trofea, zdobyte w okresie powojennym. Nawiązując jednak do dawnych, dobrych tradycji, na wystawie tej zgromadzono wypożyczone z różnych muzeów krajowych obrazy naszych najlepszych mistrzów; między innymi Józefa Brandta, Józefa Chełmońskiego czy Alfreda Wierusz-Kowalskiego.

Niestety, wystawa ta nie zmobilizowała nikogo do zainteresowania się możliwością kontynuowania wystaw sztuki o tematyce łowieckiej. Pewne ożywienie przychodzi dopiero w roku 1973. Jest to rok jubileuszu pięćdziesięciolecia Polskiego Związku Łowieckiego. Z tej okazji na terenie kraju odbywa się wiele imprez o charakterze propagandowo-kulturalnym, wystawy, festyny, konkursy.

W Warszawie obradował XX Kongres Międzynarodowej Rady Łowieckiej (CIC). Z tej okazji zorganizowano wystawę łowiecką, konkurs i wystawę psów oraz pierwszą po wojnie wystawę współczesnej sztuki łowieckiej i animalistycznej. Wystawa zorganizowana była wspólnie z Zarządem Okręgu Warszawskiego ZPAP w Domu Plastyka w Warszawie. Zgromadzono na niej sześćdziesiąt obrazów, czterdzieści osiem rzeźb, pięćdziesiąt pięć grafik i dwadzieścia siedem tkanin. Wśród wystawiających znaleźli się nie tylko nestorzy sztuki polskiej, ale i ludzie zupełnie młodzi, dla których zetknięcie się z tematyką łowiecką było czymś zupełnie nowym i fascynującym. Tym ciekawsze były wyniki artystyczne. W roli mecenasa sztuki wystąpił Polski Związek Łowiecki, który ufundował nagrody pieniężne. W dziedzinie malarstwa otrzymali je: Barbara Jonsher, Ireneusz Szubert, Wiesław Szamborski, Ludwik Maciąg, Jan Geppert, Andrzej Musiał. W grafice: Krystyna Bieniek, Mieczysław Majewski, Józef Pakulski, Tomasz Rudnicki, Ewa Walawska. W rzeźbie: Teresa Brzóskiewicz, Katarzyna Piskorska, Adam Procki, Stanisław Sikora, Adam Włodarczyk i Anna Dębska, która była również laureatką w konkursie sztuki o tematyce łowieckiej, zorganizowanym w Budapeszcie, w 1971 roku, z okazji Światowej Wystawy Łowieckiej. W tkaninie: Barbara Grądzka-Łowkis, Donata Michalak, Ewa Stephan.

W czasie spotkania władz Polskiego Związku Łowieckiego z władzami i artystami Okręgu Warszawskiego, ówczesny przewodniczący ZG PZŁ dr inż. Jerzy Krupka zapowiedział, iż Polski Związek Łowiecki pragnie kontynuować rozpoczętą współpracę, organizując systematycznie co dwa-trzy lata podobne wystawy.

Zapowiedź ta została zrealizowana w roku 1976. Wystawa zatytułowana „Łowiectwo w Sztukach Plastycznych" otwarta została w Domu Plastyka w Warszawie. Mecenasem, pokrywającym całkowicie koszty, był znów Polski Związek Łowiecki.

Wystawa poprzedzona została plenerami łowieckimi, które trwały od maja do listopada w Ośrodkach Hodowli Zwierzyny

PZŁ. Duża grupa plastyków wyjechała do siedzib Parków Narodowych, które na ten cel udostępniło ówczesne Ministerstwo Leśnictwa i Przemysłu Drzewnego.

Na wystawę wpłynęło trzysta osiemdziesiąt sześć prac. Jury wystawy miało nie lada kłopot, aby z tak dużej liczby prac wybrać najlepsze. Dotyczyło to zwłaszcza tkanin, które reprezentowały bardzo wysoki poziom artystyczny. Ostatecznie zakwalifikowano do udziału w wystawie sto osiemdziesiąt sześć prac stu trzynastu autorów.

Uroczyste otwarcie tej niezwykle ciekawej ekspozycji ukazującej transformację łowiectwa w różnorodnych formach twórczych nastąpiło 9 lipca 1976 r. W czasie otwarcia Zarządowi Okręgu Warszawskiego ZPAP wręczono medal „Za zasługi dla łowiectwa".

Najwięcej nagród przyznano w dziale tkaniny, bo też tkanina dominowała na wystawie, zwracając uwagę oryginalnym ujęciem tematu i różnorodnością technik. Obok stylizowanego *Jaskiniowego rysunku* Joanny Jaworskiej, uwagę zwracała *Sowa* Joanny Pawelskiej i na wskroś łowieckie tkaniny Heleny Rogalskiej *Osaczony* i Teresy Szydłowskiej *Pojedynek*.

Bardzo sympatycznie prezentowały się *Wilki* Aliny Lefeld i nastrojowy *Świt w szuwarach* Krystyny Mieszkowskiej-Daleckiej. Licznie reprezentowana na wystawie była także grafika. Obok prac znanego Jarosława Kirilenki, zainteresowanie zwiedzających budziły grafiki Marii Szymańskiej, Jana Ryszczaka i Barbary Ruczkowskiej-Kędzierskiej.

W malarstwie oprócz znanych: Ludwika Maciąga, Antoniego Fałata, Józefa Młynarskiego i Józefa Korolkiewicza, odnotowano ciekawy debiut Elżbiety Wawrzeniak, która dziś odnosi sukcesy za granicą.

W dziale rzeźby interesująco prezentowały się dwa *portrety* zwierząt Marii Maliszewskiej i *Sowy* — Adama Włodarczyka. Natomiast w nielicznie reprezentowanym medalierstwie zwracał uwagę sympatyczny *Fenek* Stanisława Sikory, poświęcony prof. Władysławowi Szaferowi medal Edwarda Gorola i prace Krystyny Borkowskiej-Niemojewskiej.

Już ta druga wystawa, ciesząca się większym niż poprzednia zainteresowaniem artystów i zwiedzających, dowiodła ogromnej potrzeby kontynuowania podobnych imprez. Dowiodła, że temat łowiecki niemożliwy jest do wyeksploatowania.

Potwierdzały to również międzynarodowe wystawy łowieckie: Czeskie Budziejowice 1976, Sztokholm 1976, Wiedeń 1977, na których eksponowane były nagrodzone dzieła z tej wystawy.

Niestety! Była to, jak dotychczas, ostatnia taka inicjatywa o szerszym zasięgu. Warto więc odnotować inicjatywę działaczy łowieckich województwa radomskiego, którzy w 1979 roku zorganizowali plener dla malarzy radomskich, a w 1987 dla malarzy z innych miast. Natomiast podobnej inicjatywy nie podjęto nawet w roku jubileuszu sześćdziesięciolecia PZŁ w 1983 roku, chociaż odbyło się z tej okazji wiele imprez i wystaw. Czy ta piękna inicjatywa została zaniechana na zawsze, trudno dziś dać odpowiedź jednoznaczną, my możemy tylko odnotować fakty, które nie są jak na razie pocieszające.

Mówiąc o sztuce związanej z łowiectwem nie sposób pominąć ilustracji książkowej. Książki o tematyce łowieckiej mają również „swoich" znakomitych ilustratorów.

Jednym z najwybitniejszych jest niewątpliwie Stanisław Rozwadowski (1923). Losy wojenne rzuciły go do Budapesztu, gdzie ukończył Akademię Sztuk Pięknych. Po powrocie do kraju z tułaczki wojennej zrobił dyplom na warszawskiej ASP u T. Kulisiewicza. Na jesieni 1947 roku rozpoczął współpracę z „Łowcem Polskim", którą kontynuuje do dnia dzisiejszego. Znany jest również jako ilustrator ponad trzystu książek dla dzieci i młodzieży. Brał udział we wszystkich ogólnopolskich wystawach książek i ilustracji, a także wielu zagranicznych. W roku 1977 przyznano mu medal Komisji Edukacji Narodowej, a w roku 1980 otrzymał nagrodę Prezesa Rady Ministrów za działalność ilustratorską dla dzieci i młodzieży. Wiele jego prac znajduje się za granicą.

Dość często ilustratorem książek o tematyce łowieckiej jest myśliwy, poeta, działacz łowiecki — Andrzej Strumiłło (1930). Twórczość tego na wskroś oryginalnego artysty obejmuje: malarstwo sztalugowe, grafikę warsztatową i użytkową, wystawiennictwo, rysunek, scenografię i fotografię. Jest autorem licznych artykułów i tomu poezji z własnymi ilustracjami — *Moje słowne obrazy*, Kraków 1970. W roku 1973 był autorem scenariusza i głównym projektantem jubileuszowej wystawy łowieckiej, która odbyła się w Warszawie z okazji 50-lecia PZŁ. Miał dwanaście wystaw indywidualnych i brał udział w siedmiu zbiorowych. Otrzymał kilkanaście nagród i odznaczeń. Nagradzane były również opracowywane przez niego książki (Grand Prix BIB — 1971). Odbył wiele podróży: Chiny, Indie, Mongolia, Nepal i Wietnam. Przywozi z nich rysunki, fotografie, zbiory etnograficzne i... wspomnienia z polowań.

A oto fragment wypowiedzi Andrzeja Strumiłły zamieszczonej na łamach „Łowca Polskiego" w roku 1975, która najlepiej charakteryzuje jego stosunek do łowiectwa. Tą właśnie wypowiedzią pozwalamy sobie zamknąć ten z konieczności bardzo pobieżny przegląd sztuki i literatury o tematyce łowieckiej, której karty pozostają nadal otwarte i czekają na swych wielkich twórców.

„— Wracaliśmy kiedyś z pewnym myśliwym z polowania na zające w okolicach Ostrowi Mazowieckiej. W pewnej chwili na nieosiągalnej zdawałoby się wysokości nadleciała para kaczek. Mój towarzysz zaryzykował, z konieczności pionowy już, strzał. Nie wierzyłem, aby na taką wysokość mógł być skuteczny. Strzał był jednak naprawdę królewski i królewski dar spadł z przestworzy pod nogi myśliwego. Następnego dnia rano myśliwy ten zmarł nagle na serce. Wierzę, że przed tym, co go spotkało tamtego ranka, otrzymał nagrodę od losu.

Niewiele brakowało, aby w jakiś czas później i mnie w podobny sposób nie obdarzył los. Przychodzi, wiemy przecież dobrze, taka chwila, że nagle bierzemy strzelbę i ruszamy w pole. Tak wtedy było i ze mną. Na polu wiatr, na niebie chmury, gleba jeszcze miękka. Spostrzegłem dziki. Najpierw podszedłem je na odległość, która pozwalała przyjrzeć się im przez lornetkę, potem zaś na odległość pozwalającą zpałać komorę na lunecie. Strzeliłem do największej sztuki z wolnej ręki. Zniknęła w ułamku sekundy, jakby się zapadła w orną ziemię. Złożyłem się po raz drugi i drugi dziki padł w ogniu. Rozpierzchła wataha była już pod lasem, kiedy ulokowałem muszkę na komorze trzeciego dzika. Nacisnąłem spust. Niewypał.

Podszedłem do tych dwóch, które zostały w polu. Obie kule trafiły w serce. Wierzę, że nie chciał mnie wtedy jeszcze los obdarzyć zbyt hojnie. Tak sobie wtedy pomyślałem, tak wytłumaczyłem niewypał. Taki jest oto mój filozoficzny podtekst dwóch łowieckich przygód.

— Tak, poluję od dość dawna. Dwadzieścia lat temu zostałem selekcjonerem. A że świadoma już, dorosła działalność łowiecka rozpoczęła się w tak wspaniałej scenerii jak Puszcza Piska, mogłem stale pogłębiać swój stosunek do łowiectwa, które zaspokaja mój głód przeżycia i tej specyficznej przygody, potrzebę obserwacji, refleksji, poznania ciekawych ludzi — znakomitych myśliwych. Jest to mi także bardzo potrzebne i niezmiernie pomocne w uprawianiu sztuki, będącej moim zawodem.

Potem osiadłem w Warszawie. Wspominam tamte czasy — Puszczę, ludzi, zwierzęta, jako coś, co minęło bezpowrotnie. Stałem się myśliwym aktywnym, nauczyłem się w zmienionych warunkach polować w sposób zorganizowany i uporządkowany, a to oznacza czynne współdziałanie w rozwijaniu gospodarki łowieckiej. Dlaczego jeszcze do swojej pasji poznawania świata i określenia w nim samego siebie włączyłem myślistwo? Skoro jedną ze spraw człowieka jest polowanie, dlaczego miałbym je pominąć w gromadzeniu swoich doświadczeń? Wiem, bo sam to przeżywałem i przeżywam, że po upojeniu odniesionym sukcesem, cierpliwością, własną sprawnością fizyczną, przebiegłością — po pokonaniu trudów, a często i niebezpieczeństw, zdobywa się jakąś nową sumę wiedzy, w której jest miejsce i na niejedną refleksję, smutną na przykład przy pokocie, na osad goryczy. Wydaje mi się, że dla mnie w całym misterium łowów bardzo ważnymi sprawami są broń, sposób polowania, ludzie, psy, dźwięki i obrazy".

Spis treści

RSW „PRASA-KSIĄŻKA-RUCH"
KRAJOWA AGENCJA WYDAWNICZA
WARSZAWA 1989

Wydanie I. Nakład 30.000+350 egz.
Objętość ark. wyd. 8,41; ark. druk. 10,25
Druk: RSW „Prasa-Książka Ruch" Zakłady Graficzne
w Pile, ul. Okrzei 5. Zam. 2340/88. A-94
Nr prod. X-13/768/86

ISBN 83-03-02656-9